www.ingramcontent.com/pod-product-compliance
Lightning Source LLC
LaVergne TN
LVHW010613070526
838199LV00063BA/5153

تبسم اک چٹکی بھر

(انشائیے)

(رسالہ 'شگوفہ' کے شماروں سے منتخب شدہ انشائیے)

ادارہ شگوفہ

© Taemeer Publications LLC

Tabassum ek chutki bhar *(Inshaaiyeh)*
Edited by : Idara Shugoofa
Edition: December '2023
Publisher :
Taemeer Publications LLC (Michigan, USA / Hyderabad, India)

ISBN 978-93-5872-537-7

مصنف یا ناشر کی پیشگی اجازت کے بغیر اس کتاب کا کوئی بھی حصہ کسی بھی شکل میں بشمول ویب سائٹ پر اَپ لوڈنگ کے لیے استعمال نہ کیا جائے۔ نیز اس کتاب پر کسی بھی قسم کے تنازع کو نمٹانے کا اختیار صرف حیدرآباد (تلنگانہ) کی عدلیہ کو ہو گا۔

© تعمیر پبلی کیشنز

کتاب	:	**تبسم اک چٹکی بھر** (انشائیے)
مرتب	:	**ادارہ شگوفہ**
صنف	:	طنز و مزاح
ناشر	:	تعمیر پبلی کیشنز (حیدرآباد، انڈیا)
سالِ اشاعت	:	۲۰۲۳ء
صفحات	:	٦٦
سرورق ڈیزائن	:	تعمیر ویب ڈیزائن

فہرست

(۱)	اور کھاؤ گٹکا	ڈاکٹر ایس معین قریشی	6
(۲)	ایک معمولی سی آپ بیتی	فیاض احمد فیضی	9
(۳)	بڑی عمر کے مرد سے شادی کرنا	فیاض احمد فیضی	11
(۴)	بڑی عمر کی عورت سے شادی کرنا	ڈاکٹر یونس بھٹ	15
(۵)	آپ سے ملیے آپ ہیں عام آدمی	نصرت ظہیر	16
(۶)	کوئی بتلاؤ کہ ہم بتلائیں کیا	ڈاکٹر حلیمہ فردوس	19
(۷)	غالبِ خستہ کے بغیر	اسد رضا	26
(۸)	عرض می کنم	ڈاکٹر عباس متقی	29
(۹)	بچاؤ ہمیں پڑوسیوں سے	ڈاکٹر عباس متقی	30
(۱۰)	ظن وزن	مختار ٹونکی	35
(۱۱)	شاعروں کی سزائیں اور کفارے	ڈاکٹر صفدر	38
(۱۲)	جی میں ہوں ڈاکٹر علیم خان فلکی	ڈاکٹر علیم خان فلکی	40
(۱۳)	پاشیریا	ڈاکٹر علیم خان فلکی	42
(۱۴)	باقی سب خیریت ہے	ڈاکٹر محمد اسد اللہ	45
(۱۵)	ہماری اکلوتی تقریر	رؤف خوشتر	49
(۱۶)	حکم کی تعمیل میں	مسرور شاہجہانپوری	54
(۱۷)	وقت بہت کم ہے	شکیل اعجاز	57
(۱۸)	غصہ آیا تو قوسین لگادیے	شکیل اعجاز	59
(۱۹)	مزاح کا طبی معائنہ	پروفیسر احمد اللہ خان	62

ڈاکٹر ایس ایم معین قریشی
کراچی

اور کھاؤ گٹکا!

ہندی میں عورت کو نار کہتے ہیں جبکہ عربی میں ''نار'' کے معنی ہیں آگ ۔ ہماری ناقص رائے میں عربی کا ''نار'' عورت کے آتشیں مزاج سے زیادہ لگا کھاتا ہے۔ جب یہ نار غصے کی ''نار'' میں بھڑکتی ہے تو غالبؔ جیسے خود دار اور تنگ مزاج شاعر کو کہنا پڑتا ہے ۔

واں گیا بھی میں ، تو ان کی گالیوں کا کیا شمار
یاد تھیں جتنی دعائیں ، صرفِ درباں ہوگئیں

یا پھر ان ہی کا شکوہ تھا ۔

بارہا دیکھی ہیں ، ان کی رنجشیں
پر کچھ اب کے سر گرانی اور ہے

ہم نے اپنے بزرگوں سے سنا تھا کہ دلّی کے ایک نواب صاحب کی نورِ چشمی کی برات آئی تو عین وقت پر دولھا میاں نے (جو خود بھی نواب زادے تھے) دلھن کو دیکھنے کی شرط عاید کردی۔ قدیم معاشرتی اقدار میں یہ انتہائی معیوب سمجھا جاتا تھا کہ کوئی لڑکا شادی سے پہلے اپنی ہونے والی دلھن کی جھلک بھی دیکھ لے چہ جائے کہ یہ انوکھے لاڈلے پوری کی پوری دلھن کو (چشمے کے ساتھ) اپنی چاروں آنکھوں سے دیکھنا چاہتے تھے۔ دلھن کے والد اور اعزّا اُس وقت ایک کڑی آزمائش سے دوچار تھے۔ وہ لڑکی کی منہ دکھائی کے لیے ہرگز تیار نہ تھے کہ اس سے برادری میں ان کی ناک کٹ جاتی جبکہ وہ لوگ دولھا کو ''بلائنڈ'' کھیلنے پر آمادہ کرنے میں قطعاً ناکام رہے تھے۔ سیاسی اصطلاح میں برات دولھا واں کے ہاں دھرنا دیے بیٹھی تھی اور نکاح تعطل کا شکار تھا۔ مذاکرات کے کئی ناکام دور ہوئے، کوئی امپائر بھی انگلی اٹھانے کے لیے دستیاب نہ تھا۔ بچارے قاضی صاحب ایسے اکڑوں بیٹھے تھے جیسے مرغی انڈے سیتی ہے۔ بالآخر اڑتی اڑتی یہ خبر زنان خانے میں پہنچی تو روشن خیال دلھن نے اس جمود کو توڑا۔ اس نے اپنے گھر والوں کو راضی کرلیا کہ دونوں خاندانوں کے بزرگوں کی موجودگی میں لڑکا اور لڑکی ایک دوسرے کو دیکھ لیں تو کوئی مضائقہ نہیں۔ یہ بات لڑکی کے والدین کے لیے قیامت کی نشانی سے کم نہ تھی لیکن وہ اپنی عزت بچانے کی خاطر اور اس سے بھی بڑھ کر مہمانوں کی اذیت کے پیشِ نظر یہ کڑوا گھونٹ پینے پر رضامند ہوگئے۔ طے شدہ پروگرام کے مطابق ایک کمرے میں مستقبل کے جیون ساتھیوں کو آمنے سامنے بٹھادیا گیا۔ ماشاءاللہ دلھن چندے آفتاب، چندے ماہتاب تھی۔ دولھا میاں اسے دیکھ کر دَنگ اور گُنگ رہ گئے۔ وہ زبان حال سے کہہ اٹھے ۔

رخِ روشن کے آگے شمع رکھ کر وہ یہ کہتے ہیں
اُدھر جاتا ہے دیکھیں ، یا اِدھر آتا ہے پروانہ

(داغؔ)

جب دولھا میاں، دلھن کے شربت دیدار سے اپنی آنکھوں کو پوری طرح سیراب کرچکے تو دلھن نے ان سے بڑے ادب و احترام سے پوچھا ''اب صاف صاف بتا دیجیے آپ نے مجھے پسند کیا ہے یا نہیں؟'' دولھا نے نہایت سرشاری کے عالم میں جواب دیا ''خاتون ، میں نے نہ صرف آپ کو پسند کرلیا ہے بلکہ میں اس زحمت کے لیے بھی تہ دل سے معذرت خواہ ہوں جو آپ کے خاندان کو میری اس فرمائش کی وجہ سے پہنچی۔'' ''تو سنیے نواب زادے'' دلھن نے پورے اعتماد سے دولھا کی آنکھوں

میں آنکھیں ڈالتے ہوئے کہا ''میں آپ کو ناپسند کرتی ہوں۔آپ اپنی برات اور بساط لپیٹ کر یہاں سے رفو چکر ہو جائیں۔'' یہ فیصلہ سنا کر دلھن نے ''عدالت'' برخاست کردی۔ دولھا کا چہرہ فق ہوگیا۔اس کا خاندان اچانک دفاعی پوزیشن میں آ گیا اور وہ لوگ نکاح کے لیے منتیں سماجتیں کرنے لگے۔سجدے کے علاوہ انھوں نے سارے جتن کر لیے لیکن دلھن ٹس سے مس نہ ہوئی۔نتیجتہً برات ناکام و نامراد واپس لوٹ گئی۔اب دولھا میاں کی حالت یہ تھی کہ ؎

گئے دونوں جہان کے کام سے ہم
نہ اِدھر کے رہے نہ اُدھر کے رہے
نہ خدا ہی ملا نہ وصالِ صنم
نہ اِدھر کے رہے نہ اُدھر کے رہے

(مرزا صادق شررؔ)

دنیا میں تین ہٹیں (ضدیں) مشہور ہیں یعنی (1) راج ہٹ یا بادشاہوں کی ضد، (2) تر یا ہٹ یا عورتوں کی ضد (3) بالک ہٹ یا بچوں کی ضد۔یوں تو تینوں ضدیں ''مغل اسٹیل'' ہیں لیکن ''تر یا ہٹ'' اسٹین لیس اسٹیل ہوتی ہے۔بقول داغؔ ؎

سمجھو پتھر کی تم لکیر اسے
جو ہماری زبان سے نکلا

اوپر بیان کردہ واقعہ تر یا ہٹ کی ایک مثال ہے جو لگ بھگ ڈیڑھ سو سال قبل وقوع پذیر ہوا۔تاہم اس کا اعادہ حال ہی میں ہوا جب بھارت کی ایک دلھن بنی مہلا نے شادی کے بندھن سے قبل اپنے ہونے والے پتی کو دن میں تارے دکھا دیے۔دلّی کی نواب زادی نے اپنی ہٹ پر اڑ کر خاندانی آن کا تحفظ کیا تھا، یو پی کی شریمتی نے ایک اعلیٰ مقصد کی خاطر ایسا کیا اور اپنے عزمِ مصمّم سے ہر مرد و زن کو ایک ایسا پیغام دیا جس میں انسانیت کی فلاح کا راز پوشیدہ ہے۔خبر آئی ہے کہ یو پی کے ایک گاؤں میں ایک دولھا میاں بڑے دھوم دھڑکے سے اپنی برات لے کر لڑکی والوں کے گھر پہنچے۔وہاں ان کی خوب خاطر مدارت ہوئی (بغیر واوین والی مدارت)۔ پنڈت جی تیار بیٹھے تھے کہ کب اشارہ ملے اور وہ کارروائی ڈالیں۔بہرحال، کافی انتظار کے بعد دلھن بنی ٹھنی اپنی سہیلیوں کے جلو میں ''جائے واردات'' پر پہنچی تو آناً فاناً کھنڈت ہوگئی۔جوں ہی دولھن نے منڈپ میں قدم رکھا اس نے دیکھا کہ دولھا گٹکا چبا رہا تھا۔بس جناب غضب ہوگیا۔لڑکی نے پھیرے لینے سے انکار کردیا اور منہ پھیر کر اندر چلی گئی۔دلھن کا باپ، ماں، بھائی اور سہلیاں اسے رات بھر سمجھاتے رہے۔دولھا نے یقین دلایا کہ وہ اس عادتِ بد سے تائب ہوجائے گا لیکن گاؤں کی گوری اپنے اس موقف پر ثابت قدم رہی کہ گٹکا خور کو اپنا پتی نہیں بنائے گی۔اس نے ثابت کردیا کہ اس کا فیصلہ پاکستانی سیاست دانوں جیسا نہیں تھا جو پبلک یا کسی اور ''بزرگ'' کے اصرار پر آدھے گھنٹے میں واپس لے لیا جاتا ہے۔پُر امن طریقوں کی ناکامی کے بعد دولھا والے مقامی تھانے میں شکایت درج کرانے گئے۔انھوں نے تھانے دار صاحب سے درخواست کی کہ لڑکی کو سمجھائیں اور ضرورت پڑے تو اسے اپنی موچھوں سے ڈرائیں بھی۔تھانے دار نے بادلِ نخواستہ یا ''بازِ مطلوبہ'' یہ ذمے داری قبول کرلی اگرچہ قانون کی کسی شِق کی رو سے کسی (مرد یا عورت) کو کسی خاص مرد یا عورت سے شادی کرنے یا نہ کرنے پر مجبور نہیں کیا جاسکتا۔تھانے دار نے لاکھ سمجھایا، چھوٹی موٹی دھمکی بھی دی لیکن لڑکی، جو بی اے کی طالبہ ہے، اپنی اس ہٹ پر قائم رہی کہ وہ گٹکے کے عادی شخص سے ہرگز شادی نہیں کرے گی۔آخر کار برات واپس چلی گئی اور دولھا کے سہرے کے پھول بن کھلے مرجھا گئے۔واپسی پر بینڈ باجے کے بغیر اس ''ماتمی جلوس'' کے ہیرو کا یہ حال تھا کہ بقول شاعر ؎

گئی یک بہ یک جو ہوا پلٹ نہیں دل کو میرے قرار ہے
کروں غم ستم کا میں کیا بیاں، مرا غم سے سینہ فگار ہے

(حسام الدین حیدر حسامی)

ہم سب دن رات سن، پڑھ اور دیکھ رہے ہیں کہ پان، چھالیہ، گٹکا، سپاری اور تماکو صحت کے لیے مضر ہیں۔ یہ

جبڑے ، گلے اور پھیپھڑوں کے کینسر کے بنیادی اسباب ہیں ۔ تاہم سب کچھ جانتے ہوئے بھی لوگوں کی ایک بڑی تعداد ان خبائث سے چھٹکارا پانے میں ناکام ہے۔ اگر اس قسم کے واقعات پے در پے ہوں اور بھارتی لڑکی کا پیغام عام ہوجائے تو اس سے بہتوں کا بھلا ہوگا۔ پاکستان کی عدالت عظمیٰ پولیس کو گٹکا، چھالیہ، مین پوری کی تیاری اور فروخت فوری طور پر بند کرنے کا حکم دے چکی ہے لیکن پچھلے ہفتے اس موضوع پر ایک ٹی وی پروگرام میں ایک پولیس افسر کو بے فکری سے گٹکا کھاتے اور بار بار پیک تھوکتے دیکھ کر ہم دل مسوس کر رہ گئے۔ زبان سے بے ساختہ نکلا ۔

چوں کفراز کعبہ برخیزد کجا ماند مُسلمانی

ہم نے اپنے خاندان میں اعلان کر رکھا ہے کہ جو لڑکا (کسی بھی صورت میں) ''جگالی'' کرنے کا عادی ہے ہم اس کی شادی میں شریک نہیں ہوں گے۔ اس اعلان کے مثبت نتائج برآمد ہونے لگے ہیں۔ کم از کم ہمارے خاندان کی دلھنیں اب اپنے ہونے والے یا نو ساختہ مجازی خدا کے پاس سانس روک کر نہیں بیٹھتیں۔

☆......○......☆

فیاض احمد فیضی
ممبئی۔

ایک معمولی سی آپ بیتی

اردو شعر و ادب سے میرا پیدائشی تعلق ہے۔ ثبوت یہ کہ 1954ء میں سہراب مودی کی فلم 'مرزا غالب' ریلیز ہوئی۔ اسی سال میری پیدائش ممبئی کے ایک سرکاری ہاسپٹل میں ہوئی۔ اس سال ساہتیہ اکیڈیمی نے پہلی بار ایوارڈ دیا، اور وہ بھی معاشیات کے موضوع پر شایع شدہ ایک کتاب یعنی غیر ادبی کتاب کو۔ میں نے اسی وقت طے کرلیا کہ ادب اور معاشیات دونوں میدانوں میں طبع آزمائی کروں گا۔ اسی سال ادب کا نوبل پرائز آرٹسٹ ہمینگوے کو دیا گیا۔۔

میری پیدائش کے دن دنیا میں کوئی اور غیر معمولی واقعہ نہیں ہوا مگر اگلے ہی روز یعنی 25 فروری کو جمال عبدالناصر نے مصر کے صدر محمد نجیب کو گھر میں نظر بند کر کے اقتدار پر قبضہ کرلیا اور میں نے طئے کرلیا کہ میں اقتدار کے پیچھے کبھی نہیں بھاگوں گا تاکہ میری ازدواجی زندگی خوش گوار رہے۔ بچپن میں میں نے گلی ڈنڈا بھی کھیلا، پتنگوں کے پیچھے بھاگنا بھی نصیب ہوا مگر کم کم اس لیے کہ چوتھی جماعت سے ہی مجھے کتابوں کی دکان پر بٹھا دیا گیا جہاں اسکول کی کتابوں کے علاوہ رسالوں، ناولوں اور خشک کتابوں کی صحبت میسر ہوئی یعنی بگڑنے کے تمام وسائل نے ادب کی طرف مائل کردیا اور بہت جلد لکھنے لکھانے اور اخبارات و رسائل میں شایع ہونے کا چسکا لگ گیا۔ پہلا مزاحیہ مضمون ایک آل انڈیا تحریری مقابلے کے لیے لکھ کر انعام حاصل کیا۔ اس وقت میں دسویں جماعت کا طالب علم تھا۔ کالج کے زمانے میں چار برسوں میں تین طنزیہ و مزاحیہ مضامین لکھ کر اور سنا کر ظ انصاری، کرشن چندر، سلمیٰ صدیقی اور خواجہ عبدالغفور سے بالمشافہ داد حاصل کی اور پھر یہ روگ دائمی طور پر میرے ساتھ ہوگیا۔۔

اردو اور اسلامک کلچر سے بی اے کرنے کے بعد ایک سال ہائی اسکول کے بچوں کی اردو اور انگریزی سدھارتے رہے۔ پھر ایک قومی بینک کا مقابلہ جاتی امتحان پاس کر کے آسانی سے افسری مل گئی جہاں اچھی تنخواہ کے عوض بہت کم کام کرنا پڑتا تھا، چنانچہ خالی اوقات میں دفتر ہی میں بیٹھ کر اگلے بیس برس تک مضامین لکھے۔ اس کا نقصان یہ ہوا کہ مصروفیت کے سبب میں بینک میں اہم عہدوں پر رہنے کے باوجود بدعنوانی کے رموز و نکات نہیں سیکھ سکا۔ اسی زمانے میں مہاراشٹرا اسٹیٹ اردو اکیڈیمی کا ممبر سکریٹری بنادیا گیا۔ وہاں بھی بدعنوانی کے نئے نئے عنوانات سے تعارف ہوا۔ طبیعت مائل نہیں ہوئی تو وہاں سے استعفیٰ دے دیا۔ طنزیہ مزاحیہ مضامین کے علاوہ معیشت اور تجارت کے موضوع پر بھی مضامین اور کالم لکھ کر روایتی شہرت حاصل کی۔ 1986 سے زندہ دلان حیدرآباد کے ادبی جلسوں میں تواتر کے ساتھ مضامین سنانے کا موقع ملا۔ وہاں داد ملی بھی تو اس شرط کے ساتھ کہ اگلے برس بہتر مضمون لکھ کر لانا ہوگا۔ یہ سلسلہ آج تک جاری ہے۔۔

1988 میں کراچی میں پہلی طنز و مزاح کانفرنس میں شرکت کا موقع ملا جہاں غالبا سازش کر کے میرے مضمون ' پھلوں میں رنگ بھرے' کے ہر جملے پر داد دی گئی تاکہ میرے بگڑنے میں کوئی کسر نہ رہ جائے اور میں کبھی بہتر نہ لکھ سکوں۔ یہ سازش جزوی طور پر کامیاب ثابت ہوئی مگر اس کے بعد پھر یہ کانفرنس منعقد نہ ہوسکی۔ 1991 میں پہلی کتاب قند و زقند شائع ہوئی جس کا نام ہی

برسوں تک لوگوں کی سمجھ میں نہیں آیا اور حسب توقع کتاب کی پذیرائی صرف رسم اجرا کی تقریب میں شان دار طریقے سے ہوئی جہاں مجتبیٰ حسین ، یوسف ناظم ،سلمیٰ صدیقی اور مصطفیٰ کمال نے ہمت افزا مزاحیہ تقریریں کیں۔

اکیسویں صدی کے آتے ہی مجھ پر کھلا کہ بینک کی ملازمت میں دل نہیں لگ رہا ہے اور نوکر ہوتے ہوئے بھی فاقہ مستی کے مزے لوٹنے کے مواقع میسر نہیں ہیں تو میں نے رضا کارانہ سبکدوشی کی درخواست دے دی جو بینک نے خوشی خوشی منظور کرلی۔ اگلے کئی برس ای ٹی وی اردو کے لیے مختلف قسم کے پروگرام کیے ، اسٹیج کے لیے بھی ڈرامے اور ادبی پروگرام پیش کئے۔ ساتھ ساتھ کچھوے کی رفتار سے طنز و مزاح کا سلسلہ بھی جاری رہا۔ 2008 میں دوسری کتاب ' قندمکرر' کی اشاعت ہوئی جس کی رسم اجراء میں ایک مرتبہ پھر یوسف ناظم ،مجتبیٰ حسین ،سلمی صدیقی اور مصطفیٰ کمال نے پچھلی تقریروں کو بہتر طور پر دوبارہ سنا کر کتاب سے زیادہ داد حاصل کی۔ سبھی نے شکایت کی میرے لکھنے کی رفتار کچھوے سے بھی ست ہے چنانچہ میں نے مجبوراً رفتار بڑھائی اور تیسری کتاب نسبتاً جلدی یعنی ۹ سال بعد ہی شائع ہوئی جس کا نام ' بال کی کھال' ہے۔ یہ عنوان لوگوں کو فوراً سمجھ میں آ گیا اور اسے ہاتھوں ہاتھ لیا گیا، کچھ لوگوں نے تو رعایتی داموں کی پیش کش سے متاثر ہو کر اسے خرید بھی لیا۔ مگر اس درمیان یوسف ناظم اور سلمیٰ صدیقی نے ناراض ہو کر مجھ سے اور دنیا سے منہ موڑ لیا۔ اور مجتبیٰ حسین نے لکھنا چھوڑ دیا۔ نتیجہ یہ ہوا کہ اب جتنے مزاح نگار رہ گئے ہیں سب نے اپنے آپ کو طنز و مزاح کے ورثہ کا واحد حقدار اور اس خالی میدان کا تنہا جانشین مان لیا ہے۔

یادش بخیر! میں نے دو برس پہلے اکیلے پن اور تنہائی سے گھبرا کر اردو طنز و مزاح کے ارتقا میں ' اودھ پنچ اور شگوفہ کا حصہ' کے موضوع پر پی ایچ ڈی بھی کرلی ہے مگر اس ڈگری کو حتی الامکان چھپائے رکھتا ہوں کہ اب اسے بھی ایک مزاحیہ کام سمجھا جانے لگا ہے۔۔

☆......○......☆

فیاض احمد فیضی

وطنِ عزیز میں
بڑی عمر کے مرد سے شادی کرنا

کہتے ہیں جوڑے آسمان میں بنائے جاتے ہیں لیکن دنیا کے بیشتر جوڑوں کو دیکھیے تو یہی خیال آتا ہے کہ آسمان میں اتنی بڑی غلطیاں نہیں ہوسکتیں۔ کسی جوڑے کو دیکھتے ہی یقین ہوجاتا ہے کہ عورت نے مرد پر رحم کھا کر شادی کرلی ہے۔ دوسرا جوڑا چیخ چیخ کر اعلان کر رہا ہوتا ہے کہ لڑکی پسند کرتے وقت مرد کا دل نیکی، رحم دلی اور رفاہِ عام کے جذبات سے چھلک رہا تھا اور اس نے آنکھوں پر پٹی باندھ کر حامی بھرلی تھی۔ کچھ جوڑے ایسے بھی ہوتے ہیں جنھیں دیکھ کر پتہ چلتا ہے کہ دونوں مسلسل ایک دوسرے پر ہم دردانہ خیرات کئے جا رہے ہیں۔ لیکن میرے ایک دوست جو شادی کرانے کا کاروبار، بقول ان کے محض ثواب کمانے کی خاطر کرتے ہیں، ان کا خیال ہے کہ بے جوڑ، جوڑوں کی اتنی زبردست نیکیاں اور رحم دلانہ کارنامے، کم زور انسان کے دست و بازو اور دل دماغ سے نہیں ہوسکتے، اس میں آسمانی شرکت اور اثر اندازی لازمی ہے۔

ایں سعادت بزورِ بازو نیست

عورت اس لیے شادی کرتی ہے کہ اسے بچپن ہی میں بتادیا جاتا ہے کہ تم صرف شادی کرنے کے لیے اس دنیا میں آئی ہو۔ چولھا چکی کرنا اور بچے پیدا کرنا تمھارے اضافی فرایض ہیں۔ مرد اس لیے شادی کرتا ہے کہ اس کا خمیر ہی عاشقانہ ہوتا ہے اور اسے ہوش سنبھالتے ہی اندازا ہوجاتا ہے کہ اسے ہوش سے نہیں جوش سے کام لینا پڑے گا ورنہ شادی کے بغیر وہ مرجائے گا۔ یہ تو اسے سہرے کے پھول کھلنے کے بعد پتہ چلتا ہے کہ شادی، کنوارپن سے زیادہ مہلک ہوتی ہے۔۔ مرد اپنی دانست میں زندگی کو جنت بنانے کے لیے شادی کرتا ہے مگر 'شادی شدہ' کا لیبل لگتے ہی وہ جنت اور جہنم کے درمیان یوں معلق ہوجاتا ہے گویا اس کا آدھا جسم ریفری جریٹر میں اور بقیہ آدھا دہکتی بھٹی میں بند کردیا گیا ہو اور وہ دنیا والوں سے مسکرا مسکرا کر کہہ رہا ہو کہ اوسطاً اس کے حالات انتہائی خوش گوار ہیں۔

دل کے خوش رکھنے کو غالبؔ یہ خیال اچھا ہے

اس لحاظ سے دیکھا جائے تو کنوارے مرد، شادی شدہ افراد سے زیادہ سمجھ دار اور عقل مند قرار پاتے ہیں لیکن جدھر دیکھیے ہر کنوارا مرد اپنی بدقسمتی اور بدبختی کا رونا روتا نظر آتا ہے، مگر یہ رونا سسکیوں تک ہی محدود ہوتا ہے لیکن جیسے ہی اس کے پاؤں میں شادی کی بیڑیاں ڈال دی جاتی ہیں اس کی سسکیاں، بلند ہونے لگتی ہیں اور وہ دھاڑیں مار کر رونے لگتا ہے۔ جہاں تک عورت کا تعلق ہے اس کی قسمت میں ہنسنا بہت کم لکھا ہوتا ہے۔ مرد اساس زمانہ اسے ہنسنے کی اجازت نہیں دیتا۔ مت ہنسو، کم ہنسو، آہستہ ہنسو، اکیلے میں ہنسو۔ شگوفہ مت پڑھو، ورنہ ہنسی خطا ہوجائے گی، جیسے فرمان سن سن کر وہ ہنسنا بھول جاتی ہے۔ شادی نہ ہونے تک وہ شوہر کے آنے کے انتظار میں روتی ہے۔ شادی ہوجائے تو کبھی اس لیے سسکتی ہے کہ شوہر دن بھر گھر میں اینڈتا رہتا ہے اور کبھی اس لیے آہیں بھرتی ہے کہ شوہر کاروبار کے بہانے اکیلا دنیا بھر میں گھومتا رہتا ہے اور ہفتوں بعد گھر لوٹتا ہے تو خالی ہاتھ لوٹتا ہے۔ کبھی وہ بچوں کے لیے روتی ہے تو کبھی شوہر کی دھمکیوں، ظلم

وستم اور مہنگائی کی مار پر آنسو بہاتی ہے۔ ایک سروے کے مطابق ایک عورت اپنی زندگی میں کل ملا کر ایک برس اور چار مہینے مسلسل روتی ہے۔ شادی شدہ عورت جب نہیں روتی تب بھی سوتن کے خوف سے تو ہمیشہ لرزتی رہتی ہے کہ کیوں کہ مرد کا اس بات پر یقین ہوتا ہے کہ دولت اور صحت ہونے کے باوجود جو شخص ایک بیوی پر گذارا کر رہا ہو، اس سے زیادہ بدنصیب کوئی نہیں چنان چہ وہ دولت آتے ہی اپنی قسمت کی مرمت کی فکر کرنے لگتا ہے۔

جو مرد دولت آنے کے ساتھ ساتھ سماجی اور سیاسی طور پر بھی طاقت ور ہو جاتے ہیں حد درجہ خطرناک ثابت ہوتے ہیں اور انھیں اپنی بیوی پرانے سامان کی طرح بے کار اور بے قیمت معلوم ہونے لگتی ہے تو وہ اسے کباڑی دنیا کے حوالے کر کے اپنے یاروں کے ساتھ نئی چراگاہوں کی تلاش میں نکل پڑتے ہیں۔ ان میں سے کچھ تو ملک کے سب سے بڑے عہدے تک بھی پہنچ جاتے ہیں اور اونچے منبروں سے اونچی باتیں کرنے لگتے ہیں۔ ادھر بیوی اپنے پرانے دنوں کو یاد کر کے آنسو بہاتی ہے جب شوہر نہ صرف اسے صبح کی چائے پیش کرتا تھا بلکہ دن بھر دنیا والوں کو چائے پلا کر شام کو گھر لوٹتا تھا تو اس کی قلیل آمدنی سے گھر والوں کے چہروں پر رونق لوٹ آتی تھی۔

ایک زمانہ تھا جب عورتیں مجبوری میں بڑی عمر کے مردوں کو اپنا شوہر بناتی تھیں۔ والدین نہ چاہتے ہوئے بھی اپنی تیس سال سے زاید عمر کی بیٹیوں کے لیے کم عمر دولھے کی آس چھوڑ کر خود اپنی عمر سے زاید یا کم از کم اپنی عمر کے برابر، قابل یعنی Eligible مردوں کی اپنے گھر پر دعوتوں کا اہتمام شروع کر دیتے تھے۔ اب زمانہ بدل گیا ہے۔ نئے فیشن کے مطابق، اب عورتوں کے علاوہ نوجوان لڑکیوں نے بھی اپنے فارغ البال ٹیوشن ٹیچر، کھچڑی بالوں والے پروفیسر، خواتین کے رسالوں کے عاشق مزاج ایڈیٹرز، پڑوس کے بنگلے میں مقیم تنہا انکل، اپنے دادا، نانا کے قریبی کروڑ پتی دوست کی دعوت بھری نظروں کو شرفِ قبولیت بخشنا شروع کر دیا ہے۔ ایک لطیفے کے مطابق ایسے انتخاب کے وقت خواتین کے پیش نظر صرف دو باتیں رہتی ہیں، ایک تو مرد کی لامحدود دانکم اور دوسرے اس کی محدود زندگی کے دن کم ہونا۔ سہاگ رات کو شادی مرگ کی صدائیں ایسے ہی گھروں سے اٹھتی ہیں جن میں جوان بیوہ کی وہ مخصوص آہ بھی ہوتی ہے جس میں واہ کی گرمی بھی شامل ہوتی ہے۔ شادی کی بے پناہ خوشی کو برداشت نہ کر پانے والے شوہروں کے بارے میں کہا گیا ہے کہ چوں مرگ آید تبسم برلبِ اوست۔

یوں بھی عورت جتنی زیادہ تعلیم یافتہ ہوتی جاتی ہے آرٹ کے پرانے شاہ کار، قدیم ترین مخطوطات اور سکّے، پرانے برتن اور فرنیچر، آثار قدیمہ کی عمارتیں اور از کار رفتہ متمول مردوں میں ان کی دل چسپی بڑھتی جاتی ہے۔

بڑی عمر کے مردوں کو شرفِ زوجیت بخشنے سے پہلے آج کی سمجھ دار عورت اس بات کا یقین کرنا ضروری سمجھتی ہے کہ مرد پہلے سے شادی شدہ نہ ہو اور نہ ہی اس کے بچے ہوں۔ عورتوں کو عام طور پر اپنا پیچیدہ قانونِ وراثت یا تو سمجھ نہیں آتا ہے اور اگر آتا ہے تو پسند نہیں ہوتا۔ شوہر کی قربانی کے بعد وہ مرحوم کے گوشت، ہڈی اور کھال سب کی بلا شرکت غیرے مالک بننے کو ترجیح دیتی ہے۔ خوش قسمتی سے معمر، دولت مند مرد کا رشتہ آ بھی جائے تو اس بات کا تیقن کر لینا چاہتی ہے کہ وہ ساٹھا پاٹھا نہ ہو یعنی اس کی صحبت اچھی نہ ہو، بھلے ہی سٹھیا گیا ہو۔ آواز پاٹ دار نہ ہو، لچھے دار گفتگو نہ کرتا ہو، اس کا سینہ 56 انچ کا نہ ہو اور اسے سیاست کا شوق نہ ہو، مبادا وہ دیکھتے دیکھتے سماجی اور سیاسی افق پر چھا جائے اور بیوی کو گم نامی کے اندھیروں میں دھکیل کر خود تخت پر جا بیٹھے۔ یوں بھی صحت مند بوڑھے مرد حکیم الامّت علامہ اقبال کی شاعری اور شاہی حکیموں کے نسخوں کی آبرو رکھنے کی خاطر دن رات بحرِ ظلمات میں گھوڑے دوڑانے کو اپنا فرضِ اوّلین و آخرین سمجھتے ہیں مگر

وقتِ پیری شباب کی باتیں
ایسی ہیں جیسے خواب کی باتیں

اکثر یہ سوال پیدا ہوتا ہے کہ امیر اور تنہا بوڑھے مرد دولت کے سہارے بزعم خود ہر خوشی خرید سکتے ہیں اور شادی کے مضر اثرات سے اپنے گذشتہ اور دوستوں کے حالیہ تجربات کے سبب کما حقہ واقفیت بھی رکھتے ہیں، پھر وہ کیوں آ بیل مجھے مار کے مصداق شادی کے لڈو کے پیچھے دوڑے چلے جاتے ہیں۔ اس کا سیدھا جواب یہ ہے کہ مرد شادی کر کے مجازی خدا بننا چاہتا ہے۔ مگر مسئلہ اس وقت شروع ہوتا ہے جب وہ مجازی اور حقیقی خدا کا فرق یہ سمجھ بیٹھتا ہے کہ حقیقی خدا تو رحمٰن اور رحیم ہے مگر قہار اور جبار ہونے کا حق مجازی خدا کے لیے چھوڑ دیا گیا ہے۔

دولت سمجھ رہی ہے خدا ہوگئی ہوں میں

یہ مجازی خدا بباطن اپنی منکوحہ کے لیے ستم گری کے نت نئے راستے ڈھونڈتا ہے مگر بظاہر اسے ڈارلنگ، ڈیر، فرینڈ اور دوست کہہ کر پکارتا ہے۔ زیادہ پیار آ جائے تو ''متروں'' بلاتا ہے۔ وہ بے چاری تو اپنے مجازی خدا سے یہ بھی نہیں کہہ سکتی کہ ''متروں'' کہنا قواعد کی رو سے غلط ہے ورنہ وہ انتقاماً صدارتی فرمان جاری کر دے گا کہ آج رات بارہ بجے سے خاندان اور ملک کا ہر طالب علم اور سرکاری کرمچاری ایک دوسرے کو ''متروں'' کہہ کر ہی بلائے گا۔ خلاف ورزی کرنے والے کو ''متروں ٹیکس'' اور ''متروں پنالٹی'' ادا کرنا ہوگا۔

بڑی عمر کے شوہر خصوصاً بہت بڑی عمر کے شوہر ظاہری طور پر میٹھی گفتگو کے لیے بھی جانے جاتے ہیں۔ نئی نویلی دلہن کو برسوں یہ کہہ کر بہلائے رکھیں گے۔ ''دیکھو، مجھ سے پہلے تمھاری حالت کتنی بری تھی، اور اب میرے آتے ہی تمھاری زندگی میں کیسی بہار آ گئی ہے، اچھے دن لوٹ آئے ہیں''۔

جب وہ غریب کچھ عرصے بعد پریشان ہو کر دبی زبان سے کہتی ہے کہ'' آخر بہار کا موسم کب آئے گے۔ اچھے دن کب آئیں گے؟''۔ تو وہ مسکراتے ہوئے کہے گا۔ ''ضرور آئیں گے اچھے دن۔ دیکھو گھر میں عورتوں اور سرحدوں پر فوجیوں کو قربانیاں دینی ہی پڑتی ہیں تب جا کر اچھے دن آتے ہیں''۔ کبھی کبھی وہ طویل انتظار سے تنگ آ کر کہہ اٹھتی ہے۔ ''ایسا لگتا ہے میں نے آپ کا انتخاب کر کے غلطی کر دی۔'' یہ سن کر وہ اسے مارنے دوڑتا ہے،''کس نے کہا تھا میرا انتخاب کرنے۔ جوان راحیل پوبھی تو امیدوار تھا۔ اسے کیوں نہیں چن لیا۔ پھر پتہ چلتا'' بچہ شوہر'' اور معمر شوہر میں کیا فرق ہوتا ہے۔ اس کے لیے لالی پاپ خریدتے خریدتے تمھارے سارے زیور بک جاتے۔''

بیوی بے چاری ہمت کر کے کہہ دیتی ہے۔'' آپ کا قیمتی سوٹوں کا خرچ اٹھاتے اٹھاتے بھی تو میرا سب کچھ بک گیا۔ منگل سوتر تک درزی لے گیا۔ شادی کی رات آپ نے وعدہ کیا تھا کالے دھن سے مجھے اور میرے گھر والوں کو مالا مال کر دیں گے، ہر ایک کے بینک اکاؤنٹ میں پندرہ پندرہ لاکھ جمع کرا دیں گے اور آج میرے اکاؤنٹ میں صرف پندرہ روپے بچے ہیں''۔

یہ سن کر وہ غصے میں تمتماتا ہوا تجوری کھول، نوٹوں کی گڈیاں نکال کر ان کی گنتی شروع کر دیتا ہے۔ بیوی بے چاری حیران ہے کہ یہ شخص پچھلے ایک برس سے نوٹ گن رہا ہے، اس کی گنتی ختم ہونے کا نام ہی نہیں لیتی ہے۔ اس کا نام تو نرموہی نادر شاہ کی بجائے ریزروبینک ہونا چاہئے تھا۔

ایک اور وعدہ جو شوہر نامدار نے شبِ عروسی کو ہی کیا تھا جسے عورت مارے ڈر کے یاد نہیں دلانا چاہتی کہ اسے سن کر وہ فوراً طلاق کی دھمکی دینے لگے گا۔ بیوی کو اچھی طرح یاد ہے، شوہر نے کہا تھا ''بہت جلد تمھاری گود میں ایک ننھا منا کھیل رہا ہوگا۔ یہ میرا وعدہ ہے۔ میری ڈاکٹروں سے بات ہو چکی ہے!'' بیوی نے شرماتے ہوئے کہا تھا۔''لڑکا ہوگا تو کیا نام رکھیں گے؟''

شوہر نے اپنے 4 فٹ آٹھ انچ کے سینے کو پھلاتے ہوئے کہا تھا۔''اس کا نام وکاس ہوگا اور کیا؟''

بیوی مسکرائی۔ اس نے شوہر کو چھیڑنے کی خاطر کہا۔''اور اگر لڑکی ہوئی تو اس کا نام''ترقی ہوگا۔ ہے نا؟''

یہ سنتے ہی شوہر نے بیوی کے منہ پر ہاتھ رکھ دیا۔''سہاگ رات کو ایسی بات نہیں کرتے''۔ اور پھر چراغوں میں روشنی نہ

رہی۔

اگلی صبح شوہر کا موڈ بدلا ہوا تھا۔ پھر نہ جانے کتنی صبحیں شاموں میں اور شامیں گہری سیاہ راتوں میں بدلتی گئیں مگر وکاس کو آنا تھا، نہ وہ آیا۔شوہر نے کئی تدبیریں کرڈالیں ۔نوٹ بندی کا انجکشن ، سرجیکل اسٹرائیک، جی ایس ٹی، کی خوراکیں بھی، مگر وکاس کا دور دور تک پتہ نہ تھا۔ اور اب وکاس اس کی چڑ بن چکا تھا۔ دنیا بھر کے معاشی معالجوں نے کہہ دیا تھا کہ اس نے تمام دوائیں غلط استعمال کی تھیں۔

اس درمیان شوہر کے وفادار ملازموں کے ہاتھوں ایک غریب ماں کا جوان بیٹا شریف احمد غایب ہوگیا۔ جب بیوی نے ٹی وی پر شریف احمد کی ماں کو زاروقطار روتے دیکھا تو اس نے سوچا۔"جب تک شریف احمد نہیں مل جاتا اسے نہ وکاس چاہیئے نہ ترقی۔وہ سمجھ گئی کہ اس کا شوہر دوسروں کا وکاس غایب کرسکتا ہے، اپنا وکاس پیدا کرنے کی اس میں صلاحیت نہیں ہے۔ وہ یہ بھی جانتی تھی کہ شوہر کے تمام غلط اور جابرانہ فیصلوں کے پسِ پشت اس کی رعونت، اس کی سنگ دلی اور سفاکی اور اس کی سرگرانی تھی جو اسے جان سے بھی زیادہ عزیز تھیں اور جنھیں وہ پیار سے آر ایس ایس پکارتا تھا۔

کہتے ہیں کہ بڑھاپے میں، خصوصاً جب بڑھاپا امیر وکبیر ہو، آدمی نادان بچہ بن جاتا ہے۔اب اسے نہ گم شدہ لڑکے کی فکر تھی ، نہ وکاس کی فکر اور نہ گائے جیسی بیوی کی فکر۔اس نے ضد پکڑ لی تھی کہ اسے اپنے وطن جلد از جلد پہنچنے کے لیے ہوائی جہاز کی رفتار سے چلنے والی بلٹ ٹرین کی ضرورت ہے ۔اسے حاصل کرنے کے جنون میں وہ دنیا بھر کے مہاجنوں کے سامنے قرض کے لیے ہاتھ پھیلائے کھڑا تھا۔ وہ قرض جو اس کے اہل خاندان زندگی بھر چکائیں گے۔اہلِ خاندان جنھیں وہ اپنی رعایا سمجھتا تھا۔

پس ثابت ہوا کہ بڑی عمر سے شادی کرنے کا سب سے بڑا فائدہ یہ ہے کہ گھر کے حالات ، ملک کے حالات جیسے معلوم ہوتے ہیں۔دوسرا فائدہ یہ ہے کہ اہلِ خانہ ٹیلی ویژن پر ساس بہو کے سیریئل میں اپنا وقت برباد نہیں کرتے کیوں کہ ایسے گھرانوں میں ساس ہوتی ہے نہ ان کی سازشیں اور جھگڑے ۔ تیسرا اور آخری بڑا فائدہ یہ ہے کہ بڑی عمر کا شوہر بیک وقت شوہر، باپ بھائی اور بیٹے چاروں کا پیار عورت کو دیتا ہے اور ان چاروں کے ستم بھی!

☆......○......☆

تبسم اک چٹکی بھر (انشائیے) 15 مرتب : ادارہ شگوفہ

ڈاکٹر یونس بھٹ
لاہور

بڑی عمر کی عورت سے شادی کرنا

عورت اس لیے شادی کرتی ہے کہ تعریف کرنے کے لیے ایک بندہ مل جائے اور مرد اس لیے شادی کرتا ہے کہ تعریف کیے بغیر عورت مل جائے۔ ویسے گھر کو جنت بنانے کے لیے شادی ضروری ہے۔ میرا ایک دوست کہتا ہے یہ ٹھیک ہے کیوں کہ مرنے کے بعد ہی جنت مل سکتی ہے۔ میرے خیال میں تو کنوارا احمق ہوتا ہے لیکن میرا دوست کہتا ہے کہ کنوارا احمق ہوتا ہے مگر اسے اپنے احمق ہونے کا پتا تب چلتا ہے جب وہ شادی کرتا ہے۔ دیکھا جائے تو شادی کا اس سے بڑا اعجاز اور کیا ہوگا کہ صرف اسی صورت میں انسان خدا بن سکتا ہے۔ اسے شاید مجازی خدا کہتے ہیں اس لیے کہیں گے کہ وہ بھی خدا کی طرح سنتا تو سب ہے بلکہ ہر وقت سنتا ہے لیکن بولتا نہیں۔ پہلے میرا بھی یہی خیال تھا کہ ہر عورت شادی کرے مگر کوئی مرد شادی نہ کرے۔ لیکن اب میں کہتا ہوں کہ ہر مرد کو بڑی عمر کی عورت سے شادی کرنا چاہیے۔ میرے دوست کے خیال میں شادی نہ کرنے کی ایک صورت یہ بھی ہے کیوں کہ آپ جس عورت سے بھی کہیں گے کہ میں بڑی عمر کی عورت سے شادی کرنا چاہتا ہوں وہ کہے گی اس کا مطلب ہے کہ آپ میرے ساتھ شادی نہیں کرنا چاہتے کہ بڑی عمر کی عورت سے شادی کرنا محکمۂ آثار قدیمہ کے ملازمین کے لیے تو ٹھیک ہے کہ جوں جوں چیز پرانی ہوتی جاتی ہے اس میں ان کی دلچسپی بڑھتی جاتی ہے۔ بڑی عمر کی عورت سے شادی کر کے آپ حضرت آدمؑ کی طرح دنیا کے ان خوش نصیب خاوندوں میں سے ایک ہوں گے جن کے یہاں ساس نہیں ہوتی، ورنہ جب تک سانس تب تک ساس۔ پھر آپ کو بیوی کا حکم مانتے ہوئے بھی شرم نہیں آئے گی کیوں کہ حکم ہے کہ بڑوں کی حکم عدولی نہ کرو۔ لڑکے بالے جوانی میں جب بے قابو ہوجاتے ہیں تو بڑے بوڑھوں کے پاس ان کا یہی علاج رہ جاتا ہے کہ ان کی شادی کردیں گویا ہمارے یہاں شادی علاج جوانی ہے۔ دنیا کی وہ عورت جسے آپ ساری زندگی متاثر نہیں کرسکتے وہ بیوی ہے اور وہ عورت جسے آپ چند منٹوں میں متاثر کرسکتے ہیں وہ بھی بیوی ہے مگر کسی دوسرے کی۔ بیوی کی خوبیاں تلاش کرنا ایسا ہی ہے جیسے اپنی خامیاں تلاش کرنا۔ بندہ شادی کرتا ہے کہ سکون سے رہے جو شادی نہیں کرتے وہ بھی اسی لیے شادی نہیں کرتے۔ شادی وہ عمل ہے جس میں دو لوگ مل کر اس طرح رہتے ہیں کہ ایک دوسرے کو رہنے نہیں دیتے۔ ویسے شاعروں کو ضرور شادی کرنی چاہیے اگر بیوی اچھی مل گئی تو زندگی اچھی ہوجائے گی۔ بیوی اچھی نہ ملی تو شاعری تو اچھی ہوجائے گی۔ بیوی سے بحث میں ہارنے سے زیادہ بے عزتی والی بات ہے اس میں بحث سے جیتنا۔ وہ خاوند کو تکلیف اور مصیبت میں نہیں دیکھ سکتی۔ اسی لیے وہ اس کے رنڈوا ہونے کی دعا نہیں مانگتی اپنا بیوہ ہونا قبول کرلے گی۔ ویسے اگر عورت اپنے مرد سے بھی اس اخلاق سے پیش آئے جیسے وہ اجنبی مردوں سے ملتی ہے تو اسے کبھی طلاق نہ ہو خاوند بھی اسے دن میں ایک بار ایسے دیکھتا ہے جیسے وہ ہمسائی کو دیکھتا ہے تو اس کی خوشگوار ازدواجی زندگی کی ضمانت میں دے سکتا ہوں۔ اگر آپ کسی کو شادی نہ کرنے کے لیے قائل کرنا چاہتے ہیں تو اس کا ایک طریقہ یہ ہے کہ اس کی شادی کردیں اور تو اور میرے دوست نے بھی دوسری شادی کے بعد توبہ کرلی کہ ساری زندگی دوسری شادی نہیں کروں گا۔ اب وہ کہنے لگا ہے کہ مجھے بڑی عمر کی عورت سے شادی کرنے پر کوئی اعتراض نہیں بس شادی کرنے پر اعتراض ہے۔ سارا دن مجھے یہ کہہ کر بے سکون کرتا رہتا ہے کہ شادی نہ ہوتی تو اسے کتنا سکون ہوتا۔ اب میں بھی اس کی باتوں سے قائل ہوگیا ہوں کہ اگر اس کے والد کی شادی نہ ہوتی تو مجھے کتنا سکون ہوتا؟۔۔

☆

نصرت ظہیر
نئی دہلی

آپ سے ملیے، آپ ہیں عام آدمی!

اگر آپ زندہ ہیں اور ابھی تک فوت نہیں ہوئے ہیں تو آپ نے زندگی میں کبھی نہ کبھی عام آدمی ضرور دیکھا ہوگا۔

فوت ہونے کی بات میں نے اس لیے کہی کہ جو لوگ فوت نہیں ہوتے وہ اکثر اس غلط فہمی میں مبتلا رہتے ہیں کہ ابھی تک زندہ ہیں۔ حالانکہ ہم میں سے اکثر کی صرف سانسیں چل رہی ہوتی ہیں۔اور وہ بھی صرف کھانسنے کھنکھارنے کے لیے۔

سانس لینے کا مرض ایک ایسا مرض ہے جو آکسیجن لے کر کاربن ڈائی آکسائڈ چھوڑنے والی ہر ذی روح کو لاحق ہو جاتا ہے۔ گدھے گھوڑے، شیر، چیتا، بھالو، بلّی چوہے اور عام آدمی سب ایسے ہی جانور ہیں۔ آکسیجن کو کاربن ڈائی آکسائڈ بنانے والا جانور زندہ کہلاتا ہے۔ اور جو زندہ ہو اس میں تھوڑی بہت خودی ضرور نکل آنی چاہیے۔ کم از کم علامہ اقبال کی تاکید یہی تھی۔ وہ خودی کو آکسیجن سے بھی زیادہ ضروری مانتے تھے۔ چنانچہ خودی اور خوں ریزی میں ان کے یہاں کچھ زیادہ فرق نہیں پایا جاتا۔ عقاب، شہباز، شاہین، شیر، شِکرے اور مکڑے جیسے خونی خوددار جانور یوں ہی انھیں محبوب نہیں تھے۔ ان کی تمام خصلتوں کو وہ مومن کے ایمان کا جزو بنا دینا چاہتے تھے۔ یعنی پلٹنا جھپٹنا جھپٹ کر پلٹنا۔ گِدھ اور گدھے کے صبر، کوے کی صفائی پسندی اور شہد کی مکھی کے ڈسپلن کو انھوں نے کبھی لائق اعتنا اور مسلمانوں کے لائق نہیں سمجھا۔ بس خودی کے ڈنڈے سے لٹکے رہے۔

ان کے برعکس حضرت خلیل الرحمٰن اعظمی کی رائے کچھ اور تھی۔ ان کی تھیوری یہ تھی کہ خودی وُدی کچھ نہیں ہوتی صرف ایک فریب پیہم ہے جس کی بدولت آدمی زندہ رہتا ہے۔ انہی کا شعر ہے:

بقدرِ پیمانۂ تخیّل سرور ہر دل میں ہے خودی کا
اگر نہ ہو یہ فریبِ پیہم تو دم نکل جائے آدمی کا

خیر یہ تو فلسفے کی باتیں ہیں جو پڑھے لکھے پروفیسروں کو زیادہ زیب دیتی ہیں۔ بندہ عام آدمی کا ذکر کر رہا تھا جس کے صرف دو کام ہیں۔ کسی بھی طرح پیدا ہو جانا اور کچھ عرصے بعد مر جانا۔ لاکھوں سال سے یہی چل رہا ہے۔ اربوں کھربوں عام آدمی اس زمین پر پیدا ہوئے اور مر گئے۔ مگر مجال ہے جو ذرا سی بھی کسی کو عقل آئی ہو۔ آج بھی پیدا ہوئے چلے جا رہے ہیں جب کہ خوب جانتے ہیں ایک دن کچھ کیے بغیر مر جانا ہے۔

اوروں کی کیا کہوں خود میرا یہی حال ہے۔ والدین کے یہاں خود کو پیدا کیے اتنے برس گزر گئے، لیکن آج تک کوئی ایسا کام سرزد نہیں کر پایا جس کا حوالہ دے کر خود کو عام آدمی کے درجے سے بلند کر سکوں۔ صرف اتنا ہوا کہ ضلع بلند شہر میں پیدا ہو گیا۔ کئی بار خیال آیا کہ دیگر بلند شہریوں کی طرح میں بھی اپنے نام کے ساتھ برنی لگا لیا کروں مگر ایک معزز برنی نے یہ کہہ کر حوصلے پست کر دیے کہ اگر میں نے اپنے خیال کو عملی پاجامہ پہنایا تو وہ مجھ پر ہتک عزت کا دعویٰ کر دے گا۔

ایک دن میں نے سوچا کیوں نہ کسی ڈھنگ کے عام آدمی سے صلاح مشورہ کر کے کوئی ڈھنگ کا کام کیا جائے۔ تھوڑی سی تلاش کے بعد مجھے ایک ایسا عام مل گیا جو اوپر نیچے دائیں بائیں ہر زاویے سے عام آدمی لگتا تھا اور اس قدر عام آدمی تھا کہ اوسط

درجے کا عام آدمی بھی اسے دیکھتا تو شرما جاتا۔

وہ ایک فٹ پاتھ پر چھوٹی سی نالی کے قریب اکڑوں بیٹھا بیڑی پی پی کر کھانس رہا تھا۔ جیسے ہی اس کی کھانسی رکی میں نے کہا، سلام علیکم! اس پر اس نے مزید کھانسنے کے بعد کہا، وعلیکم السلام! کیا تکلیف ہے؟

مجھے اس کی بات پر ہنسی آگئی۔ خود شدید کھانسی میں مبتلا ہو کر بھی مجھ سے پوچھ رہا تھا کیا تکلیف ہے۔ میں نے عرض کیا کہ بھائی میں خیریت سے ہوں اور تمھاری خیر و عافیت خداوندِ کریم سے نیک مطلوب ہے۔ اس لیے بتاؤ کہ اتنی بری طرح کھانس کیوں رہے ہو اور اپنا علاج کیوں نہیں کراتے۔

یہ سن کر اس نے مجھے ترس کھا جانے والی نظروں سے دیکھا اور بولا، کون بد بخت کہتا ہے یہ کھانسی ہے۔ یہ تو میں ذرا سانس لینے کی پریکٹس کر رہا ہوں۔ اس کے بعد اس نے اتنی زور سے بیڑی کا کش لگایا کہ اس کا شعلہ لَو دے اٹھا، اور اتنے زور کی کھانسی آئی کہ پاس ہی سویا پڑا کتا جاگ گیا اور دم ہلائے بغیر بھونکنے لگا۔

آخر کسی طرح بیڑی کے کش اور کھانسی کے وقفوں کے دوران میں نے اپنا مدعا بیان کیا اور کہا کہ میں ایک عام آدمی ہوں، اس لیے کوئی ایسا مشورہ دو کہ خاص آدمی بن جاؤں۔ یہ سنتے ہی اس نے کھانستے ہوئے مجھ پر لاحول پڑھی اور کہنے لگا، اے احمق انسان، کیا تو نہیں جانتا کہ عام آدمی جب خاص آدمی بننے کی کوشش کرتا ہے تو اور زیادہ عام ہو جاتا ہے۔ لیکن ٹھہر۔ اس سے پہلے کہ میں اور کچھ کہوں، مجھے ایک بریک لینے دے تا کہ کچھ دیر آرام سے کھانس سکوں۔

یہ کہہ کر وہ ایک بار پھر بیڑی اور کھانسی کا اشتہار بنا رہا اور ایک لمبا بریک لے کر بولا۔ اے عوام الناس، بلکہ عوام الخناس و ستیاناس، امید ہے بریک کے دوران تو نے خاص آدمی بننے کا خیال دل سے نکال دیا ہوگا۔ پھر بھی یہ مفسدانہ خیال ابھی تک تیرے دل میں باقی ہے تو سُن، نظیر اکبرابادی کی دو نظمیں، آدمی نامہ اور بنجارہ نامہ صبح و شام گرم پانی کے ساتھ پڑھا کر، اللہ نے چاہا تو ایک دن افاقہ ہوگا اور یہ فاقہ مستی کے خیال تیرے دل سے جاتے رہیں گے۔

معلوم ہوا کہ موصوف ادب سے شغل رکھتا تھا چنانچہ یہ سوچ کر کہ اس پہنچے ہوئے عام آدمی سے رسم و راہ بڑھانی چاہیے، میں بھی اس کے پاس ہی بیٹھ گیا۔ یہ دیکھ کر اس نے جلدی جلدی چار پانچ کش لے کر بیڑی کو انجام تک پہنچایا، نالی میں پھینکا اور بولا، تمھارے ساتھ بیٹھنے پر مجھے کوئی اعتراض نہیں، لیکن میرے پاس اور بیڑی نہیں ہے، بس یہ آخری تھی۔

مجھے اس کی معصومیت بھلی لگی اور جب اسے بتایا کہ میں بیڑی سگریٹ نہیں پیتا تو اس کا سارا ٹینشن جاتا رہا۔ سب سے پہلے میں نے اس سے پوچھا وہ کب سے عام آدمی ہے۔ جواب میں اس نے پہلے تو مجھے مشکوک نگاہوں سے دیکھا پھر بولا، کہیں تم آر ایس ایس یا را کے ایجنٹ تو نہیں ہو، اگر ہاں تو دھیان سے سن لو، گندے نالے میں بھی گر گیا تو میرے منھ سے وندے ماترم ہی نکلے گا۔ جے ہند کہنے کے میں سخت خلاف ہوں اور اسے دیش دروہ مانتا ہوں۔ دوسرے میں گئو مانس بالکل نہیں کھاتا۔ ایک بار کسی نے دھوکے سے کھلا دیا تھا تو اتنا بدمزہ اور بد ذائقہ نکلا کہ دوسرے لقمے پر ہی الٹی ہوگئی۔ تیسرے نہ مجھے اس ملک کا سیکولر آئین پسند ہے نہ ترنگا جھنڈا۔ چوتھی پانچویں اور چھٹی وجوہات بھی ہیں، کیا وہ بھی بتاؤں؟

میں نے اس سے کہا، میاں تمھیں غلط فہمی ہوئی ہے لیکن اس نے بیچ میں ہی بات کاٹ دی اور کہا، غلط فہمی ہی صحیح فہمی تک لے جاتی ہے۔ اب رہ گیا تمھارا یہ سوال کہ میں کب سے عام آدمی ہوں تو سنو۔ میرا باپ بھی عام آدمی تھا اور اس کا باپ بھی۔ یہاں تک کہ باپ کے باپ کا باپ اور ان کے باپ کے باپ کے باپ بھی عام آدمی تھے اور یہ سلسلہ قبل مسیح تک چلا جاتا ہے۔ اس لیے فخر کے ساتھ کہہ سکتا ہوں کہ میں ایک خاندانی عام آدمی ہوں اور میرے خاندان میں خدا کے فضل سے آج تک کوئی خاص

آدمی نہیں گزرا ہے، نہ انشااللہ گزرے گا۔

اس کا جواب خاصا مربوط اور مرعوب کن تھا پھر بھی اس میں ایک کسر تھی۔ چنانچہ میں نے کہا، اگرچہ مجھے تمھارا اعتبار ہے لیکن عام آدمی ہونے کا ثبوت کیا ہے تمھارے پاس؟

یہ سن کر اس کے ماتھے پر بل پڑ گئے اور کہنے لگا، ثبوت تو میرے پاس درجنوں ہیں مگران کے بارے میں صرف بتا سکتا ہوں دکھا نہیں سکتا! میں نے کہا کوئی بات نہیں، میں ہمہ تن گوش ہوں۔ یہ سنتے ہی وہ شروع ہوگیا۔ پہلی بات یہ کہ میرا کوئی خاندانی شجرہ نہیں۔ خاندان میں کوئی پڑھا لکھا گزرتا تو شجرہ لکھتا۔ چنانچہ کسی بھی تاریخ میں ہمارا ذکر نہیں ملتا۔ یہاں تک کہ ضلع بلند شہر کے قصبے سکندرآباد کے اتہاس میں بھی ہمارے خاندان کا ذکر نہیں آتا۔ دوسرے یہ کہ میرا کوئی نام نہیں ہے۔ کہنے کو لوگ نتھو، فضلو، رامو، شیامو، بندو، جمن کچھ بھی کہہ دیتے ہیں لیکن یہ بھلا کوئی نام ہوئے؟ چونکہ نام نہیں ہے تو نہ میرا کوئی راشن کارڈ ہے، نہ پین کارڈ۔ یہاں تک کہ آدھار کارڈ اور کریڈٹ کارڈ بھی نہیں ہے۔ اس کے علاوہ میرے پاس اپنا گھر نہیں، زمین نہیں، آسمان نہیں، روزگار نہیں، بنک اکاؤنٹ نہیں، بیمہ نہیں۔ اور بھی بہت کچھ ہے جو میرے پاس نہیں ہے۔ دراصل میرے پاس کچھ نہ ہونے کی بے حدافراط ہے جس سے ثابت ہوجاتا ہے کہ میں صرف اور صرف عام آدمی ہوں۔ مگر تم ہی بتاؤ جو چیز آپ کے پاس نہیں ہے اسے ثبوت کے طور پر کیسے پیش کیا جاسکتا ہے؟

اس کی باتوں سے میرا دماغ چکرا گیا۔ تبھی اس نے مجھ سے پوچھا، مگر یہ تو بتاؤ میاں خاں، عام آدمی کی تمھیں اتنی فکر کیوں ہے؟ کہیں تم بھی تو__ اس نے قصداً جملہ ادھورا چھوڑ دیا۔

''بات یہ ہے محترم کہ بہت جلد تمھارے دن پھرنے والے ہیں۔'' میں نے اسے خوش خبری دی، جسے سنتے ہی اس کے چہرے پر ہوائیاں اڑنے لگیں۔ سہمے ہوئے لہجے میں بولا، شبھ شبھ بولو بھائی۔ ستر برس میں کئی بار ہمارے دن پھر چکے ہیں اور ہر بار ہمارا بیڑا کچھ اور نیچے چلا گیا ہے۔ اب اور کیا باقی رہ گیا ہے؟

''تین برس سے ایک نئی سرکار آئی ہوئی ہے جس کا نعرہ ہے، سب کا ساتھ سب کا وکاس! اب تمھارے دن آخری بار پھرنے والے ہیں۔ یہ سرکار تمھاری ترقی کر کے ہی چھوڑے گی! اب تم وکاس سے بچ نہیں سکتے!'' میں نے سب کچھ سچ سچ کہہ دیا!

یہ سنتے ہی عام آدمی نے چیخ ماری اور ایک طرف لڑھک گیا۔ میں اس کی ناک پر الٹا ہاتھ رکھ کر دیکھنے لگا، سانس چل رہی ہے یا نہیں!۔۔

☆……○……☆

ڈاکٹر حلیمہ فردوس
بنگلور

کوئی بتلاؤ کہ ہم بتلائیں کیا

حضرات ! ہم تذبذب کا شکار ہیں کہ آپ کو کیا بتلائیں ۔ ویسے بتلانے کے لیے میڈیا ہاوز موجود ہیں ۔ آج چھوٹے پردے پر بڑی بڑی خبروں کی دھوم ہے ۔سوشیل میڈیا کا باوا آدم ہی نرالا ہے ۔ اُس پر کوئی بھی پوسٹ سیکنڈوں میں وائرل ہوجاتی ہے ۔ہمیں اپنی غریب زبان میں لفظ وائرل کا متبادل نہیں ملا ۔ شاید ہمارے پرکھوں نے جنگل کی آگ کی طرح پھیلنا کا محاورہ ان طوفانی خبروں کے لیے گڑھا ہوگا ۔ اس طوفانی ماحول میں جھوٹ اور سچ کی تمیز باقی نہیں رہی اور گاندھی جی کے تین بندر آنکھوں ، کانوں اور منہ پر ہاتھ رکھے رکھے تھک چکے ہیں ۔ چند دنوں تک یہ تینوں باضمیر بندر آئے دن کے تماشوں کو کن آنکھوں سے دیکھتے رہے آج کل وہ ہر چھوٹی اور جھوٹی خبر کو بڑی بنا کر دکھائے جانے پر چھلانگیں مارنے لگے ہیں ۔۔

ہم آپ کو جو بتانے جارہے ہیں وہ اَن دیکھا نہیں ہے ۔ ہماری اِن دو آنکھوں نے جن مناظر کا نظارہ کیا ضرور آپ کی آنکھیں بھی اُن سے محروم نہیں رہی ہوں گی ۔ مختلف چینلس کی کرشمہ ساز نگاہیں کسی معروف ، غیر معروف شخصیت کے پرزے اڑانے اور غیر اہم واقعہ کو رائی کا پہاڑ بنانے کی ہوڑ میں لگی ہیں ۔ یہ سب تجوریاں بھرنے کے گر ہیں ۔ اس کرشماتی دور میں اگر چچا غالبؔ ہوتے تو ہرگز ہرگز یہ نہ کہتے ' دیکھنے ہم بھی گئے تھے پہ تماشا نہ ہوا' ۔ اجی جناب آج تماشوں کے بطن سے ہی بڑی خبریں جنم لیتی ہیں ۔ بگ بلیٹن ، ہمارے مسائل ، ہماری باتیں جیسے پروگرام مکالماتی دنگل ہوتے ہیں ۔ اس قسم کے پروگرام کے پہاڑ سے چوہا تو کیا چوہے کا بچہ بھی نہیں نکلتا ۔ بریکنگ نیوز یعنی نظر توڑ خبریں سنسنی ضرور پیدا کرتی ہیں اور منٹوں میں یہ ذہن کے پردے سے غائب ہوجاتی ہیں ۔ بڑے میاں سو بڑے میاں چھوٹے میاں سبحان اللہ ۔ whatsapp اور face book جیسے سماجی رابطوں کا حال ان سے علاحدہ نہیں ہے ۔ بوڑھے ، جوان ، عورتیں ، بچے سبھی ان خوش گپیوں کے عادی ہوگئے ہیں ۔ آپ کو راز کی بات بتاتے چلیں بعض باریش حضرات نماز تہجد کی ادائیگی کے بعد باوضو اس کام میں جٹ جاتے ہیں ۔ باخبر حضرات کا یہ حال ہے بے خبری کے رنگ تو اور ہیں ۔ مائیں بے خبری کے عالم میں مسیجس پڑھتے ہوئے اپنے لاڈلے کے منہ میں نوالہ ٹھونستی ہیں اور وہ ناک میں چلا جاتا ہے ۔ دور حاضر کے شاہجہاں اپنی ممتاز محل کا مسیج باس کو بھیج دیتے ہیں ۔ اس کے بعد ایک کلک click کا خمیازہ جو بھگتنا پڑتا ہے انہیں نانی یاد آجاتی ہے ۔ دادا جی اپنے گھٹیا کے درد سے بے خبر گھنٹوں چیٹنگ میں مصروف رہتے ہیں ۔ ایسے میں انہیں کوئی درد نہیں ستاتا اور ہمیں چچا غالبؔ کی یہ پیش گوئی حقیقت کا روپ دھارے نظر آتی ہے ۔

ہم وہاں ہیں جہاں سے ہم کو بھی
کچھ ہماری خبر نہیں آتی

افسوس صد افسوس غالبؔ کے شارحین اور مداحین نے اس عالم بے خبری کو حضرت عاشق کی ذات تک محدود کردیا ۔ ہمارا ماننا ہے کہ غالبؔ نے اس شعر میں اکیسویں صدی کی بے خبری سے متعلق پیش گوئی کی تھی ۔ ان کی عظمت کا راز جدت طرازی میں نہیں بلکہ ان کی پیش گوئیوں میں مضمر ہے ۔ یقین نہ آئے تو دیوان غالب کا اس زاویہ سے مطالعہ کیجیے تو آپ کو مختلف پیش

گویوں کا پتہ چلے گا ۔ حضرات ! ہم چچا غالبؔ کے کلام کے اس نئے پہلو کی جستجو میں کھو گئے اور اپنا مدعا بھول گئے ۔ خیر...... لیجیے ۔ ٹی وی کا بٹن آن کیا اور بگ بلیٹن کا ہنگامہ شروع ہوگیا ۔ آیئے عصری تناظر میں ہمارے محبوب صنف سخن غزل اور ہمارے عظیم شاعروں کا حال دیکھتے ہیں ۔ ۔

ناظرین آداب ۔ میں ہوں دلدار خان ۔ پیش ہے آپ کا ہر دل عزیز پروگرام 'عظیم دنگل' ۔ اس پروگرام میں آج ایک اہم موضوع پر بحث ہوگی ۔ ناظرین کہیں جایئے گا نہیں ۔ آج کے موضوع کا تعلق شعری ادب سے ہے لیکن یہ سماجی مسئلے کی صورت اختیار کر گیا ہے ۔ تو ناظرین آج کا موضوع ہے' غزل اخلاقی بگاڑ کا ذریعہ ہے ۔ اس پر پابندی لگانا چاہیے' ناظرین بحث شروع کرنے سے پہلے اس مقبول صنف سخن سے متعلق مختلف زمانے میں پیش کئے گئے خیالات پر نظر ڈالتے ہیں ۔

غزل کے لغوی معنی عورتوں سے باتیں کرنا ہے ۔ غزل کو گل و بلبل کی داستان بھی کہا گیا ہے ۔ ایک زمانہ میں اس پر گردن زدنی کا فرمان جاری کیا گیا ۔ حتی کہ بعض اساتذہ ماہ رمضان میں عشقیہ غزلوں کی تدریس سے اپنا دامن بچاتے ہیں ۔ ناظرین آپ کو بتاتے چلیں کہ آج غزل جیسی مقبول صنف سخن بحث کا موضوع بن گئی ہے ۔ ہمارے اسٹڈیو کی رونق میں اضافہ کرنے کے لیے ہمارے خاص مہمان غزل کے مشہور و معروف شاعر نسیم فاروقی اور غزل گائک سونو سہگل موجود ہیں ۔ ناظرین مشاعروں کی جان اور ہر دل عزیز شاعرہ انجم آرا دبئ عالمی مشاعرہ میں شرکت کے لیے گئی ہوئی ہیں وہ آن لائن ہمارے ساتھ جڑ جائیں گی ۔

جناب نسیم فاروقی اور سونو سہگل آپ حضرات کا استقبال ہے ۔ آداب

(دونوں حضرات ۔ آداب)

دلدار خان : ہم نے آپ حضرات کو غزل کی صورتحال پر گفتگو کرنے کے لیے مدعو کیا ہے ۔ غزل کے معتبر شاعر نسیم فاروقی سے میرا پہلا سوال ہے ۔ جناب ! کیا غزل واقعی اخلاقی بگاڑ کا ذریعہ ہے؟

نسیم فاروقی : دلدار خان صاحب ۔ مجھے اس بے تکے بیان پر ہنسی آرہی ہے ۔ ہنسی کیا ، حیراں ہوں روؤں کہ پیٹوں جگر کو میں والا معاملہ ہے ۔ کہاں غزل جیسی مقبول عام صنف اور کہاں یہ بے معنی الزام ۔ ملک کی جنتا یہ کہہ رہی ہے تو ہمیں بھی سوچنا ہوگا ۔ آج ہر نتیجہ سروے رپورٹ اور اس کے اعداد و شمار پر منحصر ہوتا ہے ۔ کیا کسی ادارے نے چھان بین کی ہے ؟ کسی کے پاس غزل کے معترضین کے اعداد و شمار ہیں ۔ کیا آپ نہیں جانتے ہمارے ملک میں ان دنوں الٹی گنگا بہہ رہی ہے ۔ میرا ماننا ہے کہ غزل پر یہ الزام بھی ان زرخیز ذہنوں کی پیداوار ہے ۔ واقعی اس مباحثے سے میری ناقص معلومات میں اضافہ ہوگا ۔

دلدار خان : فاروقی صاحب آپ ہمیں باتوں میں نہ الجھایئے ۔ آپ سے گزارش ہے کہ صاف لفظوں میں میرے سوال کا جواب دیجیے ۔

نسیم فاروقی : اجی جناب غزل چند لفظوں میں آگ چھپانے کا نام ہے ۔ اس میں عشق کی آگ ، غم کی آگ سب کچھ موجود ہے ۔ اگر غزل پر لگایا ہوا الزام درست ہے تو پھر ولی ، میر ، غالب ، حالی ، فراق کی غزلوں پر فلموں کی طرح "A" سرٹیفکیٹ جاری کرنا چاہیے ۔ جناب غزل جینے کے آداب سکھاتی ہے ۔ آدمی کو انسان بناتی ہے ۔ فراق کے اس ایک شعر میں باکمالوں کی دنیا آباد ہے ۔

جسے کہتی ہے دنیا کامیابی وائے نادانی
اسے کن قیمتوں پر کامیاب انسان لیتے ہیں

دلدار خان : جناب میں آپ کی باتوں سے سو فیصد متفق ہوں پر غزل کو عورتوں سے باتیں کرنا یا گل و بلبل کی داستان بھی کہا گیا ہے ۔ آپ کو پتا ہے آج مخالف طبقہ غزل کو' لو جہاد' کی تعلیم دینے کا ذریعہ مانتا ہے ۔

سونو سہگل : (مداخلت کرتے ہوئے) دلدار جی، فاروقی صاحب آپ کے سوال کا جواب کیا دیں گے۔ وہ اخلاقی پر چار کے دو چار اشعار سنا کر غزل کا بچاؤ نہیں کر سکتے۔ اس کا جواب تو میرے پاس ہے۔

دلدار خان : ہاں ہاں صاحب میں آپ کی جانب ہی آ رہا ہوں اچھا ناظرین اب سونو سہگل کے خیالات جانتے ہیں۔

سونو سہگل : فاروقی صاحب کے جواب کا کچا چٹھا میں نکالتا ہوں مجھے ہنڈریڈ پرسنٹ یقین ہے غزل ' لو جہاد ' کا اہم ذریعہ ہے۔ بس آپ اس شعر پر دھیان دیجئے اور سارا معاملہ صاف ہو جائے گا اور آپ کو اپنے سوال کا جواب بھی مل جائے گا۔

یہ عشق نہیں آساں بس اتنا سمجھ لیجیے
اک آگ کا دریا ہے اور ڈوب کے جانا ہے

دلدار صاحب آپ کو سمجھ میں آ گیا نا۔ اس شعر میں بھولی بھالی لڑکیوں کو بہکانے کے سارے پینترے ہیں۔

نسیم فاروقی : (سونو پر بھڑکتے ہوئے) استغفراللہ۔ غزل پر لگایا گیا یہ الزام بالکل بے بنیاد ہے۔ برخوردار ذرا ہوش کے ناخن لو۔ تم جیسے نوجوان غزل کی مقبولیت سے بوکھلا گئے ہیں۔ آج ہندوستان کی کئی زبانوں میں غزل لکھی جارہی ہے۔ تم خود غزل گا ئیک رہے ہو پھر اس صنف سے متعلق یہ زہر افشانی کیوں؟

سونو سہگل : جناب والا میں کوئی زہر افشانی وفشانی نہیں کر رہا اور آپ کے چراغ پا ہونے کی بھی ضرورت نہیں۔ ایک مدت تک میں غزلیں گایا کرتا تھا مگر میری گائیکی کی ابتدا بھجنوں سے ہوئی تھی۔ غزلیں گا کر میں نے دولت کمائی، پر دلی سکون نہیں ملا۔ جب میری آنکھیں کھلیں تو پھر سے میں گیتوں اور بھجنوں کی جانب لوٹ آیا۔

دلدار خان : سونو جی ! آپ پر بھی الزام لگایا جا سکتا ہے کہ آپ شاید ٹھکرائے جانے کے خوف سے بھجنوں کی طرف لوٹ آئے اور یہ سکون اپنے خوف کو چھپانے کا بہانہ ہے۔ (سونو کی طنزیہ ہنسی)

دلدار خان : خیر بہت دیر سے انجم صاحبہ بے تاب ہیں۔ وہ ہمارے ساتھ جڑ چکی ہیں۔ اب انہیں موقع دیتے ہیں۔ انجم صاحبہ آپ کے لیے بھی میں وہی سوال دہراتا ہوں۔ اس سے پہلے سونو جی کے الزام سے متعلق آپ کی رائے جاننا چاہتا ہوں۔

انجم آراء : (ہاہاہا۔ زور کا قہقہہ) مجھے سونو کی لایعنی باتوں پر ہنسی آرہی ہے۔ کھسیانی بلی کھمبا نوچے'۔ سونو جیسے بدمست ہاتھیوں کو کئی مدوں پر منہ کی کھانی پڑی اور اب یہ نوجوان غزل کو بدنام کرنے پر تل گئے ہیں۔ اجی سونو جی کان کھول کر سن لیجیے آپ جیسے چھٹ بھیتوں کے الزامات سے غزل پر آنچ آنے والی نہیں اور نہ ہی اُس کی مقبولیت میں کمی آئے گی۔ آپ اس پر پابندی لگانے کی بات بھول ہی جایئے۔

دلدار خان : انجم صاحبہ آپ سونو جی کے ساتھ کچھ زیادتی کر رہے ہیں۔ خیر غزل کی مقبولیت کی بات رہنے دیجیے۔ اصل نکتے پر آیئے۔۔

انجم آرا : دلدار صاحب میں نے کچھ غلط نہیں کہا۔ سو بار کہوں گی۔ سونو جیسے نوجوان بدمست ہاتھی ہیں جو ہمارے تہذیبی اقدار کو پامال کر رہے ہیں۔ میں جواب میں صرف علامہ اقبال کا شعر پیش کرنا چاہوں گی۔

ستاروں سے آگے جہاں اور بھی ہیں
ابھی عشق کے امتحان اور بھی ہیں

سونو سہگل : لیجیے۔ محترمہ خود اپنے ہی پھندے میں پھنس گئیں۔ یہاں بھی معاملہ اسی عشق کا ہے۔

انجم آرا : سونو صاحب، میں آپ کو بتادوں یہ عشق آپ کے 'لو جہاد' والا عشق نہیں ہے۔ اس لفظ کے کئی معنی ہیں۔ یہ عشق ہماری زبان سے ہے۔ یہ عشق ہماری شاعری کی

جان ، غزل سے ہے ۔ آپ خود غزل گائیک ہیں اور آپ کو نہیں معلوم غزل اشاروں کی زبان ہے ۔ جن کی عقل پر تعصب کا پردہ پڑا ہو بھلا وہ کہاں سمجھ پائیں گے ۔ لعنت ہے آپ کی سوچ پر ۔۔

دلدار خان : انجم صاحبہ ۔ آپ بہت جذباتی ہو رہی ہیں ۔ ذرا سا شانت ہو جائیے ۔ جمہوری ملک میں سب کو اپنے خیالات پیش کرنے کی آزادی ہے ۔

انجم آرا : دلدار صاحب ! آزادی خیالات پیش کرنے کی ہے ، جذبات بھڑکانے کی نہیں ۔

دلدار خان : اچھا اچھا رہنے دیجیے ۔ اب میں نسیم فاروقی صاحب سے ایک اور سوال پوچھنا چاہوں گا ۔ جناب ! آپ کی نظر میں غزل کے کوئی اور موضوعات ہیں جن سے اخلاقی بگاڑ کے امکانات ہیں ؟

نسیم فاروقی : ہرگز نہیں ۔ یہ سب پراگندہ ذہنوں کی پیداوار ہے ۔ بہتر ہے یہ سوال آپ انہیں سے پوچھ لیجیے ۔

سونو سہگل : دلدار جی ہمیں بخشیے ۔ ذرا جناب سے پوچھیے کہ اسلام میں خودکشی اور شراب نوشی حرام ہے کہ نہیں ۔ ان کے عظیم شاعروں نے اسے حلال کیسے مان لیا ۔ میں اردو غزل سے ایسی بیسیوں مثالیں دے سکتا ہوں ۔

نسیم فاروقی : (طنزیہ) دیجیے دیجیے ۔ آج آپ کو کھلی چھوٹ ہے ۔ دل کا بخار نکالنے سے کس نے منع کیا ہے ۔

سونو سہگل : آں آں ۔ وہ وہ ہے نا وہ شعر......

فاروقی : دے گیا نا آپ کا حافظہ جواب ؟

سونو : جناب جب شعر حاضر کروں گا تو آپ کے چہرے پر ہوائیاں اڑنے لگیں گی ۔ ہاں یاد آیا ۔ مغلیہ سلطنت کا آخری تاجدار ایک بزدل شخص کیا کہتا ہے ملاحظہ فرمائیے ۔

ڈوبنے جاوں تو دریا ملے پایاب مجھے

فاروقی : یہ تم نے ادھورا شعر سنایا ۔ کیا مصرعۂ اولیٰ کو ہضم کر لیا ۔ بڑے آئے بیسیوں شعر سنانے والے ۔

سونو : میں آپ کی بولتی بند نہ کر دوں تو میرا نام سونو نہیں ۔ شراب آپ کے ہر شاعر کی کمزوری رہی ہے ۔ چاہے وہ غالبؔ ہوں کہ جگرؔ ۔

کرض کی پیتے تھے مئے اور سمجھتے تھے کہ ہاں
رنگ لائے گی ہماری فاکا مستی ایک دن
اے رحمتِ تمام مری ہر کھتا ماف
میں انتہائے سوک میں گھبرا کے پی گیا

فاروقی : (سونو کی تنبیہ کرتے ہوئے) سونو مہاراج پتہ نہیں آپ کیسے غزل گائیک مشہور ہوئے ۔ پہلے اپنا شین قاف تو درست کیجیے ۔

دلدار خاں : بس بھی کیجیے سونو جی ۔ حد ہوگئی ۔ آپ ہر ایک کی دھجیاں اڑانے پر تلے ہوئے ہیں ۔ عظیم شاعروں کو بدنام کیے جا رہے ہیں ۔ آپ کے ارادے بڑے خطرناک لگ رہے ہیں ۔

انجم آرا : (مداخلت کرتے ہوئے) ایسا معلوم ہو رہا ہے مینڈک کو بھی زکام ہوا ہے ۔ سونو جیسے بگڑے نوجوانوں کو نظر انداز کرنے میں ہی بھلائی ہے ۔۔

دلدار خان : نسیم صاحب یہ ذرا چبھتا ہوا سوال ہے ۔ کیا کبھی سونو جیسی ذہنیت رکھنے والے نوجوان کامیاب ہوں گے ؟

نسیم فاروقی : ہم لاحول پڑھتے ہیں اس قسم کی سوچ رکھنے والوں پر ۔ کیا یہ لوگ بھول گئے نظیر اکبر آبادی زندگی بھر کرشن کی بانسری کے گن گاتے رہے اور علامہ اقبال نے رام کو پیامبر قرار دیا ۔ اجی جناب ہمیں اپنی گنگا جمنی تہذیب پر ناز ہے ۔ غزل کے کئی اشعار میں یہ رنگ پایا جاتا ہے ۔

سونو سہگل : کیسی گنگا جمنی تہذیب ؟ وہ سب ڈھونگ ہے ۔ اقبال کے بارے میں کیا کہوں ۔ وہ ہیں ہی کشمیری پنڈت ۔

نسیم فاروقی : (بلند آواز میں) برخوردار ! اُن کے آبا و اجداد

پنڈت تھے وہ نہیں ۔

سونو سہگل : جناب اُن کی رگوں میں وہی خون تو دوڑ رہا تھا ۔ آپ میری آواز کو دبا نہیں سکتے ۔ آپ حضرات نے مرزا غالب کو عظیم شاعر بنا دیا ۔ میں انہیں آتنک وادی مانتا ہوں ۔ آپ میرے قد کاٹھی پر مت جائیے میں دبلا پتلا سہی اپنا چھبیس انچ کا سینہ تان کر کہتا ہوں کہ وہ آتنک وادی تھے ۔

انجم آرا : دلدار صاحب آپ خاموش کیوں ہیں ۔ نوجوان کیا کیا بکے جا رہا ہے ۔ کہیں اس کی مت تو ماری نہیں گئی ۔

دلدار خان : سونو جی ، سونو جی سنیئے ۔ آپ جوش میں کچھ بھی کہے جا رہے ہیں ۔ نا نا یہ ٹھیک نہیں ہے ۔ اس عظیم شاعر پر یہ الزام ہم برداشت نہیں کریں گے ۔ آخر آپ کے دماغ میں یہ خیال آیا کیوں ؟

سونو سہگل : دلدار جی یہ الزام نہیں حقیقت ہے ۔ آج کشمیر کی وادی میں پتھر زنی کے واقعات غالب کے اسی شعر کا نتیجہ ہیں ۔ وہ بچپن ہی سے اس شوق میں مبتلا تھے ۔ تبھی تو انہوں نے یہ شعر کہا ۔

ہم نے مجنوں پہ لڑکپن میں اسدؔ
سنگ اٹھایا تھا کہ سر یاد آیا

انجم آرا : ہائے کمبخت نے بات کو کہاں سے کہاں پہنچا دیا ۔ بندر کیا جانے ادرک کا سواد ۔ سونو غالبؔ کے اشعار کی تفہیم تمہارے بس کی بات نہیں ۔

نسیم فاروقی : دلدار صاحب مجھے کچھ کہنا ہے ۔ مجھے سونو کا منہ توڑ جواب دینا ہے ۔

دلدار خاں : جناب باتیں بہت ہیں پر وقت اس کی اجازت نہیں دیتا ۔ پھر کبھی ۔ آپ حضرات کا شکریہ ۔ ناظرین ہم آپ کی خدمت میں پھر حاضر ہوں گے ۔ کسی نہ کسی سلگتے موضوع کے ساتھ ۔ ہمیں دیجیے اجازت اور دیکھتے رہیے آپ کا اپنا چینل جی ٹی وی ۔ خدا حافظ

....

حضرات پروگرام عظیم دنگل کا ہنگامہ آپ نے دیکھ لیا ۔ بریکنگ نیوز یعنی بڑی خبر کے رنگ بھی دیکھیے ۔

ناظرین آج کی بڑی خبر ہے ہاں ابھی ابھی موہان سے بڑی خبر آرہی ہے ۔ آپ ہمارے ساتھ بنے رہیے ۔ ہم آپ کو پل پل کی خبر دیتے رہیں گے ۔ ہاں تو ناظرین موہان سے بڑی خبر مجاہد آزادی اور مشہور غزل گو شاعر حسرت موہانی سے متعلق ہے ۔ بڑی خبر یہ ہے کہ مولانا حسرت کے موہان آنے سے یہاں کا ماحول دیکھتے ہی دیکھتے بڑا گرم ہوگیا ہے ۔ ہم کچھ پل میں آپ کو اس بڑی خبر سے باخبر کرتے ہیں ۔ ہاں تو ناظرین وہ بڑی خبر ہے --

'غزل کے مشہور شاعر حسرت موہانی کو چند شعر پسندوں نے دھر لیا' ۔

ناظرین آپ کو بتاتے چلیں کہ جائے واردات پر ہمارے نمائندے موہن جوشی موجود ہیں ۔ ہاں جوشی جی پہلے ہمیں بتائیے کہ مولانا حسرت موہانی کے ساتھ آخر یہ نازیبا حرکت کیوں کی گئی ؟

جوشی : شرافت صاحب ہم ابھی ابھی یہاں پہنچے ہیں ۔ دیکھ رہے ہیں کئی نوجوانوں نے حسرت جی کو گھیر رکھا ہے اور اُن سے سوال پہ سوال کیے جا رہے ہیں ۔ دوپہر ، دھوپ جیسے دو چار الفاظ ہی ہمارے کانوں میں پڑے ہیں --

شرافت حسین : یہ آپ کیا کہہ رہے ہیں ۔ کیا وہاں موسم گرما ہے ۔

موہن جوشی : موہان کا موسم تو بالکل ٹھیک ہے ۔ البتہ کانوں بڑی آواز نہیں سنائی دے رہی ہے ۔ لیجیے اس دھکم پیل میں ہم حسرت جی کے بالکل قریب پہنچ گئے ہیں ۔ ان نوجوانوں نے مولانا کی کھدر کی چادر بھی نکال پھینکی ہے ۔

شرافت حسین : یہ بڑی بے ہودہ حرکت ہے ۔ آخر ایسا کیوں کیا ؟ ہیلو ہیلو...... ناظرین افسوس موہن سے ہمارا رابطہ ٹوٹ

گیا...... موہن موہن کیا آپ کو ہماری آواز سنائی دے رہی ہے۔

موہن جوشی: ہاں شرافت جی۔

شرافت حسین: ہاں تو بتایئے وہاں کیا حال ہے؟

جوشی : یہ نوجوان پوچھ رہے ہیں کہ مولانا ! دوپہر کی دھوپ میں کوٹھے پر ننگے پاؤں آنے والی عورت کون تھی ؟ ہم جاننا چاہتے ہیں کہ اس سے آنکھیں لڑانے کا سلسلہ کب سے چل رہا تھا؟

شرافت حسین: یہ کیا کہہ رہے ہو جوشی تم؟ مولانا نے کیا جواب دیا

جوشی : مولانا نے ہنستے ہوئے شعر پڑھا اور کہا وہ میری محبوبہ بھی ہے اور میری بیوی بھی تمہیں اس سے کیا لینادیا ؟ ہاں میں نے اسی کے لیے یہ شعر کہا تھا۔

دوپہر کی دھوپ میں میرے بلانے کے لیے
وہ تیرا کوٹھے پہ ننگے پاؤں آنا یاد ہے

شرافت حسین: کیا شعر سن کر وہ خاموش ہوگئے۔

جوشی :نہیں نہیں۔ وہ اور بھی بھڑک گئے۔ کہنے لگے حجرت جی اب تم گئے کام سے۔ چلو بھائیو ہم انہیں مزا چکھاتے ہیں۔ انہیں تھانے کی سیر کراتے ہیں۔

شرافت : موہن جوشی ! کہیں روڈ رومیو سمجھ کر اُن لڑکوں نے مولانا کو دھرلیا ہے کیا؟

جوشی : ہاں ہاں معاملہ بگڑ گیا ہے ۔ ابھی پولیس کی ویان آئی اور مولانا کو لے گئی ہے۔

شرافت : ناظرین آگے کا حال جوشی پولیس چوکی پہنچ کر بتائیں گے۔

جوشی : شرافت جی ! ابھی ہم نے اسکوٹر کو کک لگائی وہ ٹرٹرا کر خاموش ہوگئی ہے ۔ پٹرول ختم ہوگیا ہے ۔ ابھی کچھ بندوبست کرتے ہیں۔ پولیس چوک، پولیس چوکی۔۔

حضرات ایسے میں بجلی چلی گئی ۔ ہم گئے رات حسرت کا حال جاننے کے لیے بے حال رہے ۔ دوسرے دن ایک اور چینل کی بڑی خبر پر ہماری آنکھیں جمی رہیں ۔ وہ خبر کچھ اس طرح تھی ۔

ناظرین ہر روز کسی نہ کسی چونکا دینے والی بڑی خبر کے ساتھ حاضر ہوتے ہیں ۔ آج کی بڑی خبر ہے' ایک نامور شاعر کی گمشدہ سوئی دستیاب'۔ اطلاع کے مطابق اب سے کچھ ہی دیر پہلے لکھنو کی ایک گلی کی نالی سے سوئی برآمد ہوئی ہے ۔ آیئے بھونچال نیوز چینل کی رپورٹر نازنین سے پوچھتے ہیں ۔

عامر : نازنین آپ کو کچھ نظر آ رہا ہے ۔ کیا آپ نے وہ سوئی اپنی آنکھوں سے دیکھی ہے؟

نازنین : دیکھی تو ہے پر ابھی ہم اس کی سائز کے بارے میں کچھ کہہ نہیں سکتے ۔

عامر : خیر...... ناظرین یہ سوچھ ابھیان کا نتیجہ ہے کہ سالوں کی گم شدہ سوئی ہاتھ لگی ہے ۔ اچھا تو نازنین ہمارے ناظرین یہ جاننا چاہتے ہیں کہ وہ سوئی اسرار الحق مجاز کے گھر کی دائیں بازو یا بائیں بازو کی نالی سے ملی؟

نازنین : یہ کہنا مشکل ہے ۔ عامر ہم بالکل مجاز کے گھر کے سامنے ہیں ۔ کچھ دیر پہلے جو سوئی برآمد ہوئی تھی اسے ہم نے دور سے دیکھا ہے ۔ ابھی اُس کے سائز کے بارے میں یقین سے کچھ کہہ نہیں سکتے ۔

عامر : اچھا یہ تو بتایئے ، وہاں کون کون موجود ہیں؟

نازنین : عامر یہاں میونسپلٹی کے افسر اور ان کا عملہ موجود ہے ۔ انہوں نے سوئی کو اپنے قبضے میں لے رکھا ہے ۔ ہم کوشش کر رہے ہیں کہ مجاز کے جاننے والوں سے رابط ہو۔

عامر : ناظرین ، ہماری رپورٹر نازنین کا کہنا ہے کہ وہاں مجاز کے خاندان کا کوئی فرد ہے اور نہ ہی دوست احباب ۔ ہاں ہاں نازنین ۔ آپ کچھ کہہ رہی تھیں ۔ بتایئے تازہ پوزیشن کیا ہے؟

نازنین : جی عامر میونسپلٹی افسر سے ہم رابطے میں ہیں ۔ انہوں نے صرف اتنا بتایا کہ سوئی پہلے CBI کے حوالے کی جائے گی پھر اُسے فارن سک لیب میں انگلیوں کے نشان کی جانچ کے لیے بھیجا جائے گا۔

عامر : یہ تو سرکاری کارروائی ہوئی ۔ وہاں پر موجود لوگوں کی کیا رائے ہے؟

نازنین : یہاں موجود حضرات قیاس آرائیوں میں لگے ہوئے ہیں۔گمان ہے کہ یہ سوئی اسرارالحق مجاز کی ہی ہوگی ۔

عامر: نازنین آخرکس بنیاد پر یہ گمان کیا جارہا ہے۔ ہمارے ناظرین کو بتادیں تو بہتر ہوگا ۔

نازنین :اسی محلے کی ایک معتبر ہستی کا ماننا ہے کہ مجاز فطرتاً رحم دل انسان تھے ۔ انہیں ہمیشہ اوروں کے گریبان سینے کی فکر رہتی تھی ۔مطلب صاف ظاہر ہے اوروں کے گریباں سیتے سیتے اُن کے ہاتھوں سے سوئی گری ہوگی تبھی تو وہ اپنا گریبان سینا بھول گئے ۔ یہ سوئی کسی اور کی نہیں انہیں کی ہوسکتی ہے ۔

عامر: اچھا نازنین بہت بہت شکریہ۔ ہاں تو ناظرین خواہ وہ مجاز کی سوئی ہو یا حضرت غالب کے ازار بند میں لگنے والی گرہیں ہوں یا فیض احمد فیض کے پاجامے کی چوری اس قسم کی اہم معلومات ہم سب سے پہلے آپ کی خدمت میں پیش کرتے رہیں گے ۔ بھونچال چینل پر بڑی خبروں کا انتظار کیجیے اور ہمیں دیجیے اجازت ۔شب بخیر۔

حضرات چھوٹے پردے کی ٹیم کو اجازت مل گئی ۔اب ہم بھی رخصت ہوتے ہیں ۔اللہ حافظ

☆......O......☆

اسد رضا
نئی دہلی

غالبِ خستہ کے بغیر

اگر چہ چچا غالب نے خود کو اپنے اس شعر میں خستہ کہا ہے کہ

غالبِ خستہ کے بغیر کون سے کام بند ہیں
روئیے زار زار کیا کیجیے ہائے ہائے کیوں

لیکن وہ ایک پختہ فکر، شائستہ زبان، شگفتہ اسلوب اور شستہ انداز کے حامل شاعر و نثر نگار تھے۔ ان کا دل گداختہ محبت، مروت، مذہبی رواداری اور مسلکی ہم آہنگی سے سرشار تھا۔ بذلہ سنجی، حاضر جوابی اور فن کی بلندی کی وجہ سے انیسویں صدی کے اس عظیم شاعر اور منفرد نثر نگار کو اکیسویں صدی میں بھی بصد احترام وعقیدت یاد کیا جاتا ہے اور صرف اہلِ اردو ہی نہیں بلکہ ہندی، سندھی، مراٹھی، گجراتی، ڈوگری، کشمیری، پنجابی، نیپالی، تمل، تیلگو، ملیالم، کنڑ، بنگلہ، آسامی، اڑیہ، راجستھانی، کوکنی، منی پوری، انگریزی، عربی، فارسی، اسپینی اور چینی جیسی زبانوں کے قارئین بھی غالب کے کلام اور خطوط سے محظوظ ہوتے ہیں کیونکہ مذکورہ بالا زبانوں میں غالب کی نظم و نثر کے تراجم ہو چکے ہیں۔ اسی لیے انہیں ہندو پاک میں ہی نہیں بلکہ سعودی عرب، کویت، امریکہ اور کناڈا وغیرہ میں بھی یاد کیا جاتا ہے۔ میرے کئی غیر اردو داں دوست چچا کے بارے میں دریافت کرتے رہتے ہیں۔ ہندی کے ایک لیکھک نے مجھ سے معلوم کیا

''غالب جی کا یہ رمضان اور شیطان کا کیا قصہ ہے۔''

میں نے عرض کیا ''رمضان کا ماہ مسلمانوں کے نزدیک بہت پوتر ہے۔ اسی لیے جب ایک مولانا نے اس ماہ میں غالب کو اپنے دوستوں کے ساتھ چوسر کھیلتے ہوئے دیکھا تو کہا ''مرزا میں نے رسول اکرمؐ کی ایک حدیث سنی تھی کہ رمضان میں شیطان کو ایک کوٹھری میں بند کر دیا جاتا ہے تاکہ وہ لوگوں کو بہکا کر غلط کام نہ کرا سکے۔ لیکن تمہیں چوسر کھیلتے ہوئے دیکھ کر مجھے اس حدیث کی صحت کے بارے میں شک ہو گیا۔'' یہ سن کر غالب نے کہا'' قبلہ حدیث اپنی جگہ بالکل صحیح ہے لیکن جس کوٹھری میں شیطان کو قید کیا جاتا ہے وہ یہی ہے جہاں میں چوسر کھیل رہا ہوں۔''

میری ایک پنجابی دوست نے جب مجھ سے سوال کیا'' یہ غالب اور آم کا کیا لطیفہ تھا۔'' تو میں نے بتایا'' آم کے سلسلہ میں غالب کے دو واقعے مشہور ہیں۔ ایک مرتبہ وہ بادشاہ سلامت بہادر شاہ ظفر کے ساتھ آم کے باغ میں ٹہل رہے تھے۔ درخت آموں سے لدے ہوئے تھے۔ غالب آموں کو بہ غور دیکھ رہے تھے۔ بادشاہ نے دریافت کیا'' غالب اتنے غور سے آموں کو کیوں دیکھ رہے ہو؟'' تو چچا نے فوراً کہا ''ظلِ الٰہی! بزرگوں سے سنتے آئے ہیں کہ دانے دانے پر کھانے والے کا نام لکھا ہوتا ہے تو میں بھی یہ دیکھ رہا ہوں کہ کیا کسی آم پر میرا نام لکھا ہے۔'' یہ سن کر بادشاہ سلامت مسکرائے کیونکہ وہ مرزا غالب کا اشارہ سمجھ گئے اور اگلے روز بہت سے آم غالب کے گھر بھجوا دیئے۔ آم کے سلسلہ میں مرزا اسد اللہ خاں غالب کا ایک اور دلچسپ واقعہ بھی مشہور ہے۔ ایک روز غالب آم نوش فرما رہے تھے اور ان کے برابر میں ایک مولانا بھی تشریف رکھتے تھے جنہیں آم قطعی پسند نہیں تھے۔ لہٰذا وہ آم نہیں کھاتے تھے۔ غالب آم کھانے کے بعد ان کی گٹھلیاں اور چھلکے اپنے سامنے رکھ رہے تھے۔ دریں اثنا وہاں ایک گدھا آ گیا۔ اس نے آموں کو سونگھا اور چلا گیا۔ مولانا نے غالب کو چھیڑتے ہوئے فرمایا'' دیکھا مرزا! گدھے بھی آم نہیں کھاتے۔'' چچا نے تڑ سے جواب دیا'' بالکل صحیح فرمایا مولانا گدھے ہی آم نہیں کھاتے۔'' ظاہر ہے کہ یہ جواب سن کر مولانا شرمندہ ہو گئے۔

ہمارے والد مرحوم چونکہ شاعر تھے لہٰذا گھر میں ذوق و غالب

اور میر کے دیوان رکھے ہوئے تھے۔ درجہ چھ میں ہم نے بھی ٹوٹے پھوٹے شعر کہنے شروع کر دیے تھے جنھیں ہمارے غیر مسلم ہم جماعت نہایت شوق سے سنتے تھے، لیکن دیوان غالب میں جب ہم نے ''اسدؔ'' تخلص کے حامل مقطعے دیکھے تو ہم نے انہیں اپنی کاپی پر نوٹ کرلیا۔ ان میں یہ اشعار بھی شامل تھے جنھیں ہم نے اپنے یعنی اسد رضا کے کلام کے طور پر سنایا:

حسنِ فروغ شمع سخن دور ہے اسدؔ
پہلے دلِ گداختہ پیدا کرے کوئی

یا

زمانہ سخت کم آزار ہے بہ جان اسدؔ
وگر نہ ہم تو توقع زیادہ رکھتے ہیں

یا

تیشہ بغیر مرنہ سکا کوہکن اسدؔ
سرگشتۂ خمارِ رسوم وقیود تھا

لیکن جب ہمارے کلاس فیلو مہیش نے سوال کیا ''یہ سرگشتہ خمار رسوم وقیود کا کیا مطلب ہے؟'' تو ہم ٹپٹا گئے کیونکہ ہمیں بھی اس کا مطلب معلوم نہیں تھا۔ چنانچہ چچا غالبؔ کے اسمی استحصال کو ہم نے طلاق دے دی اور اپنی علمیت اور شعری شان کے مظاہرے کے لیے جھوٹ اور فریب کا سہارا لینا ترک کردیا۔

ہمارے ایک ہمسایہ ترپاٹھی جی کو غالب سے عشق ہے۔ وہ فارسی رسم الخط سے تو واقف نہیں لیکن ناگری لپی یعنی ہندی میں چھپا ہوا دیوانِ غالب ان کے پاس ہے۔ فلم ''مرزا غالب'' انہوں نے کئی بار دیکھی۔ غالب کی بذلہ سنجیاں اور حاضر جوابی کے واقعات وہ دلچسپی سے سننا چاہتے ہیں۔ پرسوں شام وہ مجھ سے پوچھنے لگے ''استاد ذوق پر غالب نے اپنے ایک مصرع سے پھبتی کسی تھی یہ کیا واقعہ ہے؟'' تو میں نے انہیں بتایا کہ استاد ذوق بادشاہ بہادر شاہ ظفر کے استاد تھے اور اس بات پر انہیں فخر بھی تھا لیکن چچا غالب کو یہ بات ناپسند تھی۔ لہٰذا ایک روز جب استاد لال قلعہ جا رہے تھے تو ان پر پھبتی کستے ہوئے چچا نے کہا۔

''بنے ہے شہ کا مصاحب پھرے ہے اتراتا''

یہ مصرع سن کر ذوق کو بہت غصہ آیا اور انہوں نے اپنے شاگرد کے خلاف بادشاہ سلامت سے غالب کی شکایت کی تو بہادر شاہ نے جواب طلبی کے لیے غالب کو دربار میں بلوایا اور استاد ذوق کی شکایت بیان کی۔ غالب نے دست بستہ عرض کیا ''حضور یہ مصرعہ میں نے آپ کے استاد کے لیے نہیں کہا تھا۔ آپ شعر کے دونوں مصرعے سماعت فرما کر خود ہی فیصلہ کریں۔'' یہ کہہ کر چچا نے فرمایا:

بنا ہے شہ کا مصاحب پھرے ہے اتراتا
وگرنہ شہر میں غالب کی آبرو کیا ہے

یہ شعر سن کر بادشاہ سمیت تمام درباریوں نے غالب کو داد وتحسین سے نوازا۔

غالب انیسویں صدی میں صحیح معنی میں سیکولر تھے۔ ان کے دوستوں میں ہندو، مسلمان، سکھ اور عیسائی شامل تھے۔ وہ انسانیت پرست تھے۔ اسی لیے ان کے اشعار میں بھی عقلیت پسندی ، انسان دوستی، مذہبی رواداری اور روشن خیالی کی خوشبو محسوس ہوتی ہے۔ مثال کے طور پر غالب کہتے ہیں:

وفا داری بہ شرط استواری اصل ایماں ہے
مرے بت خانہ میں تو کعبہ میں گاڑو برہمن کو

مرزا موحد تھے اور عقیدۂ توحید کی راہ میں وہ رنگ، رسوم اور نسل وملت کو رکاوٹ نہیں بننے دینا چاہتے تھے۔ اسی لیے تو فرماتے ہیں۔

ہم موحد ہیں ہمارا کیش ہے ترکِ رسوم
ملتیں جب مٹ گئیں اجزائے ایماں ہوگئیں

غالب اپنے دور سے آگے تھے۔ اسی لیے ان کی اپنی زندگی میں اتنی قدر نہیں ہوئی جس کے وہ مستحق تھے۔ مسلمہ عقائد پر دوصدی قبل چوٹ کرنے یا ان پر سوالیہ نشان لگانے اور ان کے ساتھ چھیڑ چھاڑ کرنے کا حوصلہ غالب میں تھا۔ مثال کے طور پر دنیا کے تقریباً تمام بڑے مذاہب میں دوزخ اور جنت کا تصور پایا

جاتا ہے لیکن چچا نے اس تصور پر بھی سوالیہ نشان لگا دیا۔ کہتے ہیں!

ہم کو معلوم ہے جنت کی حقیقت لیکن
دل کے خوش رکھنے کو غالب یہ خیال اچھا ہے

یا

ایسی جنت کا کیا کرے کوئی
جس میں لاکھوں برس کی حوریں ہوں!

اس عظیم شاعر نے خود اپنے بارے میں یہاں تک کہہ دیا تھا کہ

نہ حشر ونشر کا قائل نہ کیش وملت کا
خدا کے واسطے ایسے کی پھر قسم کیا ہے

چچا کے اشعار اکثر مواقع پر خوب پڑھے جاتے ہیں۔ مذہبی ،سماجی، ثقافتی اور سیاسی رہنما بھی ایک دوسرے پر طنز کرنے کے لیے غالب کے اشعار کا خوب استعمال کرتے ہیں۔ اگر کوئی محبوب ،دوست، رہنما یا فنکار بے وفائی کردے تو عموماً چچا کا یہ شعر بہت دوہرایا جاتا ہے کہ

ہم کو ان سے وفا کی ہے امید
جو نہیں جانتے وفا کیا ہے

یا

ترے وعدہ پر جیے ہم تو یہ جان جھوٹ جانا
کہ خوشی سے مرنہ جاتے اگر اعتبار ہوتا

اسی طرح اردو کے بیشتر طنز ومزاح نگاروں، ناول نویسوں، کالم نگاروں ،صحافیوں اور افسانہ نگاروں نے غالب کے اشعار کو خوب استعمال کیا اور کہیں کہیں ان کے اشعار میں تھوڑی بہت ترمیم کرکے پیروڈی بھی کی۔ مرزا غالب کے بارے میں فیچر فلم، ٹی وی سیریل اور ڈاکیومنٹری فلمیں بھی بن چکی ہیں۔ متعدد تخلیق کاروں نے غالب کا لہجہ اور اسلوب اختیار کرنے کی کامیاب اور ناکام کوششیں بھی کیں۔ لیکن بقول چچا

ہیں اور بھی دنیا میں سخنور بہت اچھے
کہتے ہیں کہ غالب کا ہے انداز بیاں اور

☆......○......☆

ڈاکٹر عباس متقی

عرض می کنم

کہ فقیر کی پیدائش حیدرآباد کے ایک معروف محلّہ جنگم میٹھ فلک نما کے ایک وسیع وعریض مکان میں ہوئی ۔ وہ مکان اسی محلّہ کی ایک چھوٹی سی مسجد ''مسجد پیر پاشاہ'' کے امام صاحب کی رہائش گاہ تھی جن کی ہلکی سی متدین شبیہ اس لئے ہماری آنکھوں میں تا ہنوز بسی ہوئی ہے کہ حضرت امام صاحب ہی نے احقر العباد کو بسم اللہ پڑھائی تھی ۔ابھی ہم گویا چار سال ہی کے تھے کہ والد کا تبادلہ حیدرآباد سے چنچولی (گلبرگہ ،کرناٹک) ہوگیا ۔ اسی گاؤں کے ایک سرکاری مدرسے میں ہمیں درجہ صغیر میں شریک کروادیا گیا اور ہم بولتا قاعدہ اور سلیٹ سنبھالے اسکول جانے لگے ۔

اس زمانے میں چھوٹے بچے ایک لکڑی کو کوئی پہیا لگا کر اس لکڑی کے ساتھ دوڑ لگایا کرتے تھے ۔ جب ہم نے بچوں کے ہاتھ میں یہ لکڑی کا گھوڑا دیکھا تو والدہ سے ضد کرنے لگے کہ ہمیں بھی ایسا ہی لکڑی کا گھوڑا چاہیے ۔مائیں کس قدر جاں نثار ہوتی ہیں والد سے کہہ کر ایک لکڑی کا گھوڑا ہمیں بنا کر دیا گیا جس پر ہم سوار رواں دواں ہوا کرتے تھے ۔ہم سوچتے ہیں کہ کاش ہم بچے ہی رہتے ہرگز بڑے نہ ہوتے ،جیسے جیسے بڑے ہوتے گئے ویسے ویسے افسوس لذتیں بھی رخصت ہوتی گئیں ۔ابھی ہم درجہ صغیر سے فراغت پا کر درجہ اول میں قدم رکھا ہی چاہتے تھے کہ والد کا تبادلہ پھر چنچولی سے حیدرآباد ہوگیا۔

حیدرآباد کے ایک قدیم محلّہ ملک پیٹھ میں ہماری خالہ رہا کرتی تھیں ،جو بعد میں پروفیسر رفیع رؤف کے نام سے مشہور ہوئیں ۔ہم چنچولی سے حیدرآباد آکر انہیں کے مکان میں فروکش ہوئے اور ہماری خالہ نے ہمیں ملک پیٹھ ہی کے ایک معروف مدرسہ ادارۂ ملیہ میں درجہ اول میں شریک کروادیا جہاں ہم نے اول اور دوم تک تعلیم حاصل کی ۔

ابھی ہم دوسری جماعت سے تیسری جماعت میں جانے ہی والے تھے کہ پھر ہماری خالہ نے ہمیں حیدرآباد کے ایک معروف مدرسہ ''دی نیو پراگریسیو ہائی اسکول'' چپل بازار میں شریک کروادیا وہ انگلش میڈیم اسکول تھا اور ہمیں پھر درجہ دوم میں لیا گیا جہاں ہم نے درجہ دوم سے درجہ دہم تک تعلیم حاصل کی اور اس دوران تقریری وتحریری مقابلوں میں ڈھیر سارے انعامات حاصل کیے ۔تعلیم کے دوران ہی ہمارے اندر ایک اداکار بننے کا خیال ابھرا اور ہم ایک مشہور ومعروف ہیرو کے روپ میں اپنے کیریر کو دیکھنے لگے ۔اس دور کے ہیروز ہمارے ذہن ودل پر چھائے ہوئے تھے ،فلم ،گیت ،سنگیت سے طبعیت کو ایک مناسبت سے پیدا ہوگئی اسی زمانے میں شاعری کا شوق چرایا ،ڈراموں میں کام کرنے لگے ،کہانیاں لکھنے لگے ،اس عہد میں کھلونا دلی سے شائع ہوتا تھا اسے ملتے ہی چاٹ لیا کرتے تھے اور خود بھی اس پرچے میں لکھ کر بھیجا کرتے تھے جو شائع بھی ہو جایا کرتا تھا جب ہماری نظم ''ننھا چرواہا'' اس پرچے میں شائع ہوئی تو جو خوشی ہمیں حاصل ہوئی اس کا اندازہ صرف وہی لوگ لگا سکتے ہیں جو اس خوشی سے خود گزرے ہوں ۔ہماری ادبی کاوشوں کو دیکھتے ہوئے مدرسہ کی صدر مدرسہ محترمہ اظہر جہاں صاحبہ نے ہمیں مدرسے کے میگزین کا ایڈیٹر مقرر کر دیا ۔سارے مدرسے میں ہم ہر دل عزیز تھے اور کیا اساتذہ اور کیا تلامذہ سب ہی ہمیں دل سے چاہتے تھے اور ہماری صلاحیتوں کے دل سے معترف تھے ۔

یادش بخیر بہ ایں ہمہ نکبت وافلاس ہم نے محض خدا کے فضل ومہربانی سے پہلا حج ۱۹۸۵ء میں کیا جب کہ ہماری عمر صرف تینتیس سال تھی ۔اس سے قبل نو سال تک ہم نے بانی حج میوزیم الحاج محمد حسین اظہر مرحوم کی مجالس میں حج و زیارت کے طور طریقے واداب وفضائل سیکھے تھے ۔

ہم نے محض چھ ہزار روپیوں میں پانی کے جہاز سے حج کیا تھا اور وہیں ہم نے خدائے برتر سے بہتر روزگار کی دعا کرلی تھی ۔حج سے فراغت کے بعد جو وطن لوٹے تو یاروں نے مشورہ دیا کہ کیوں نے اردو پنڈت کورس کرلیا جائے کہ رسم دنیا بھی ہے ،موقع بھی ہے دستور بھی ہے ،ممکن ہے کسی سرکاری اسکول میں ٹیچری مل جائے ۔مشورہ معقول تھا اور ہم نے ۱۹۸۶ء میں ہم نے کامپری ہنسیو کالج مانصاب ٹینک سے اردو پنڈت کورس کرلیا اور فرسٹ ڈویژن میں ڈسٹنکشن سے کامیابی حاصل کی ۔

۱۹۸۸ء میں ہمیں سرکاری نوکری مل گئی اور اپر پرائمری اسکول سیتارام پیٹھ میں ہمارا تقرر ہوگیا پھر ایک مدت مدید کے بعد ہمیں گریڈ اے دیا گیا اور گورنمنٹ ہائی اسکول مغل پورہ نمبر۳ پنت گریڈ ون پر ہمیں ترقی دے کر بھیجا گیا اور یوں ہم ۲۲ سال تک اردو تعلیم پر ایک استاد کی حیثیت سے اپنا مفوضہ کام انجام دینے کے بعد ۲۰۱۱ء میں وظیفہ حسن خدمت پر سبکدوش ہو گئے ۔دوسری شادی ہم نے اپنی مرضی سے محبوب نگر کے ایک شاعر جناب محسن علی محسن کی صاحب زادی سے کرلی ،تیسری شادی ۲۰۰۰ء میں اتفاقاً ہوگئی ۔شادیوں کے ساتھ ساتھ تحصیل علم کا دور بھی چلتا رہا ۔اردو سے ام ۔اے کیا پھر ام ۔فل کیا پھر پی ۔ایچ ۔ڈی کی ۔۱۹۸۸ء میں سرکاری ملازم ہو گئے اور ۲۰۱۱ء میں وظیفہ پر علحدگی عمل میں آئی ۔فارسی زبان سے بے حد لگاؤ پیدا ہو چکا تو پھر فارسی سے ام ۔اے کیا پھر ام ۔فل کیا اور پھر حال حال میں یعنی وظیفہ کے بعد مانو سے فارسی میں (۲۰۱۵ء) پی ۔ایچ ۔ڈی کرلی ۔خدا کے فضل ومہربانی سے چار دفعہ حج وزیارت کا شرف عطا ہوا ۔اب تک ۲۰ کتابیں شائع ہو چکی ہیں جن میں پانچ فارسی شعر وادب سے متعلق ہیں ۔۲۰۱۷ء میں محمد انور الدین نے فقیر کی ادبی و علمی خدمات پر پی ۔ایچ ۔ڈی کی ہے ۔۔ ☆

ڈاکٹر سید عباس متقی
حیدرآباد

بچاؤ ہمیں پڑوسیوں سے

ہے کوئی مردِ خُدا جو ہمیں ہمارے پڑوسیوں سے بچائے۔ کوئی نہیں! یعنی کہ واقعی کوئی نہیں! ٹھیک ہے اگر کوئی بندۂ خُدا نہیں تو کوئی خُدا ضرور ہے جو ہمیں ہمارے پڑوسیوں سے بچائے گا۔ اب آپ سے کیا چھپائیں ہم سالہا سال سے پڑوسیوں کی اذیتوں کو جھیل رہے ہیں اور مردانہ وار جھیل رہے ہیں۔ ہمیں یہ اذیت پڑوسیوں سے زیادہ پڑوسیوں کے جانوروں سے ہے۔ یہ جانور آتے جاتے ہمارے راستے میں بیٹھ جاتے ہیں اور ہمیں دل بھرستاتے ہیں۔ اب چنو بھائی کے کتے ہی کو لیجیے۔ راستے میں غراتا ہوا بیٹھ جاتا ہے۔ ہم آج تک اس راز کو نہیں سمجھ سکے کہ یہ کم بخت کتے راستے کے بیچوں بیچ ہی کیوں بیٹھتے ہیں۔ کیا مجال جو اِدھر یا اُدھر رونق افروز ہوں۔ مختصر گلی ہو کہ کشادہ راستہ، بیچ ہی میں تشریف رکھیں گے۔ ایک مشاق انجینر کی طرح پہلے راستے کا مرکز دریافت کرتے ہیں پھر اس مرکز پر وہ اپنا مرکز جمائے براجما ن ہوتے ہیں۔ کتے اپنی دم جسے آج تک سیدھی ہونا نصیب نہ ہوا ہے موڑ کر سینے سے لگائے معصومیت سے بیٹھ جاتے ہیں گویا بھونکنے کی عادت سے ہاتھ ہی اُٹھالیا ہو۔ کبھی کبھی اپنی مخمور سرخ سرخ آنکھیں کھول کر دیکھ بھی لیتے ہیں کہ کہیں کوئی بدتمیز ان کی شان میں گستاخی پر آمادہ تو نہیں۔ ہم نے ماہرین سے دریافت کیا لیکن کسی نے اس رازِ دروں پر سے پردے نہیں اُٹھائے کہ آخر کتا بیچ میں کیوں بیٹھتا ہے، تاہم چنو کا کتا اپنی مرضی کا آپ مالک ہے، چاہے تو بیچ میں بیٹھے، چاہے تو چبوترے کو اپنا مسکن بنائے اور چاہے تو ہمارے گھر کی دہلیز ہی کو اپنی آرام گاہ۔ کتا اپنا مرضی نہیں چلائے گا تو اسے کتا کون کہے گا؟ جب وہ ہماری گلی کے بیچوں بیچ بیٹھ جاتا ہے اور ہماری آہٹ پا، پا کر بھی ٹس سے مس نہیں ہوتا تو اب امتحان کی گھڑی آپہنچتی ہے۔ ہم گنگنا اُٹھتے ہیں ''جائیں تو جائیں کہاں'' اور اس وقت قدرتی طور پر ہماری آواز طلعت محمود سے ملتی جلتی ہو جاتی ہے۔ اب اگر ہم موصوف کو پھلانگ کر جائیں تو یہ کتے کی شان میں گستاخی متصور ہوگی اور ہم خود میں اتنا حوصلہ بھی نہیں پاتے۔ بازو سے جائیں تو ابوشیر کی گائے نے کافی مقدار میں گوبر کر چھوڑا ہے۔ اگر پاؤں رکھیں گے تو یقین ہے کہ پاؤں ٹخنے تک دلدل میں اتر جائے گا۔ بائیں جانب خود ابوشیر کا مکان ہے اور اگر ہم کتے سے بچنے کی خاطر جو غلطی سے ابو کے گھر میں گر پڑیں تو زمانے کی نگاہوں کے علاوہ خود اپنی نگاہ سے بھی گر جائیں گے۔ ایک دن اسی طرح کتے سے بچنے کی کوشش میں لڑھک گئے تھے اور ابو کے دروازے کا پردہ دو حصوں میں تقسیم ہو گیا تھا۔۔

پتا نہیں ہمیں دیکھتے ہی چنو کے کتے کو کیا ہو جاتا ہے۔ پہلے غراتا ہے پھر اس کی غراہٹ تیز ہو جاتی ہے۔ نتھنے پھولنے لگتے ہیں، خطرناک تیوری چڑھ جاتی ہے، ایسا لگتا ہے کہ وہ مابدولت سے اب بھڑ کر ہی رہے گا۔ سنتے ہیں کہ کتوں کی کتوں سے نہیں بنتی، ہم تو انسان ہیں پھر وہ ہم سے اس درجہ برہمی کا مظاہرہ کیوں کرتا ہے۔ محلّہ میں کوئی جوان اور خوبرو کتیا بھی تو نہیں جو وہ اندیشہ ہائے دور و دراز سے گزرتا ہو۔ ایک دفعہ ہم فجر کی نماز کے لئے ہاتھ میں عصا لیے باہر نکل پڑے کیا دیکھتے ہیں کہ شیر و راستے میں آرام فرما ہے۔ اگر سرِراہ کوئی غنڈہ بیٹھا مل جائے تو ہمیں اتنا خوف نہیں! ہم ایک عدد فرشی سلام کا خراج حیات پیش کرتے

ہوئے خاموشی سے گزر جاتے ۔غنڈہ بھی خوش ہم بھی مطمئن ،لیکن کتا کوئی غنڈہ نہیں ہوتا جو ہمارے فرشی سلام سے باغ باغ ہو جائے ۔اب کس میں اتنی ہمت ہے کہ پہلے اس سے اپنی ٹانگ کٹوائیں اور پھر اُس پیٹ میں چودہ انجکشن لگوائیں جس پیٹ پر دین اسلام کی تنویر کہلانے والے اصحاب نے لات رسید کی ہو ۔اس عہد مسعود کے تو کیا کہنے، پیٹ پر لات مارنے کے لئے اس عہد میں رقیب واعدا ہی نہیں بلکہ رفقا وعزیز بھی ہر دم تازہ دم تیار رہتے ہیں بلکہ پیٹ پر لات رسید کرنے کی تراکیب متداولہ اگر انہیں اپنے حمق کے سبب پلے نہیں پڑتیں تو تجربہ کار اذہان بالغہ سے رجوع کرتے ہیں کہ کس کے پیٹ پر کس طرح لات ماری جائے ۔کھڑے کھڑے لات رسید کی جائے یا بیٹھے بیٹھے اس کار خیر کو انجام دیا جائے ۔غرض ،ہم ادھر اور وہ ادھر، بہت دیر تک رومان پرور سیٹیاں بجائیں، سنا تھا کہ لڑکیاں اور کتے سیٹیوں کے معانی ومطالب خوب سمجھتے ہیں، جس قدر یاد تھے روح پرور نغمات گنگنائے لیکن بے سود ۔اثر اس کو ذرا نہیں ہوتا والا معاملہ تھا۔اب کتوں کے منہ کون لگے ۔ہم کتوں کی وفاداری کے قائل نہیں ،اس جانور سے وفا کی کیا امید کی جاسکتی ہے جو ہرگز نہیں جانتا کہ وفا کیا ہے ۔اب آپ ہی سوچیے جو نماز پڑھنے جانے والے کو ستائے اس سے مہرو وفا کی کیاامید کی جاسکتی ہے۔دانشوروں کو چاہیے کہ ہمیں اپنی نظر سے دیکھے اور اپنا نظریہ تبدیل کرنے کی کوشش کرے کہ کتا ایک وفادار جانور ہے ۔ آخرش یہ دیکھ کر دل بیٹھ گیا کہ شاہ خاور مطلع شرق سے کرنیں بکھیر رہا ہے۔

چنو کے کتے کے علاوہ ہمیں محبوب بی کی بکریوں اور ان کے عاشق نامدار اور کافی صحت مند بوکڑوں سے بہت بڑی شکایت ہے۔ہماری گلی محبوب بی کی بکریوں کی خوش بو سے از صبح تا شام پہاڑی پھول کی طرح مہکتی رہتی ہے اور ان بکریوں کی مینگنیاں تازہ کلیوں کی طرح ہماری راہ میں مدام بچھی رہتی ہیں ۔ ایسا معلوم ہوتا ہے کہ ہمارے کسی عاشق نامدار و پیکر گل عذار نے ہماری راہ میں پھول بچھار کھے ہیں ۔بعض وقت تو خیالوں میں یہ نغمہ بھی گونج اُٹھتا ہے’’پاؤں چھو لینے دو پھولوں کو عنایت ہوگی‘‘ ۔تاہم بکریاں تو پھر بھی معصومیت سے گلے میں تقید کا پٹا آویزاں کئے آرام سے جگالی کرتی رہتی ہیں لیکن ان بکریوں کے عاشق زار بکروں نے ہمیں بہت پریشان کر رکھا ہے۔بھئی عشق ہم نے بھی کیا ہے، کیا مجال جو پڑوسیوں کو ہمارے عشق کی کوئی اطلاع بہم پہنچے، بلکہ عمر گزر گئی ہمارے عشق کی اطلاع اس گل عذار تک بھی نہیں پہنچی جس کے ہم عاشق زار تھے۔ چپکے چپکے رات دن آنسو بہالیا کرتے تھے ۔مدتوں مدتوں معشوق گل گوں کی ایک جھلک کے انتظار میں کاسہ ٔ دیدا رسنبھالے بیٹھے ہیں کہ شائد قسمت یاری فرمائے اور دیدار یار کے کچھ آثار ہی برآمد ہوں لیکن جب برآمد ہوتے شبنم کے ابامیاں برآمد ہوتے ،شبنم کے برآمد ہو نے کی کوئی سبیل ہی دکھائی نہ دیتی ۔زبان پر ایک ہی کلمہ ہے’’جو دیا اس کا بھلا جو نہ دیا اس کا بھی بھلا‘‘۔شبنم کا روئے پرنور تو کیا نظر آتا اس کا لال ڈوپٹا ہی جو نظر آجاتا طبیعت بحال ہو جاتی ۔جب سامنے سے شبنم کا رکشا گزرتا اور رکشا کے گھنگرو بج اٹھتے ،روح میں شہنائیاں سی چھڑ جاتیں ۔پھر دوسرے دن شبنم کے رکشا کا وہی انتظار ہے اور وہی ہماری چشم گریہ ۔اب یہ مقدر کی بات ہے کہ فی زمانہ معطر ہواؤں کے ایک آدھ جھونکے کا بے نام سا انتظار رہتا ہے کہ شاید موجِ صبا پیام شادمانی لے آئے ،ممکن ہے گفتار شیریں سے روح مسرور ہو عجب نہیں کہ دشت ویراں میں چاندنی کا ظہور ہو۔ایک یہ تھا ہمارا عشق اور ایک یہ ہے ان کم بخت بوکڑوں کا عشق ۔حلق کے آخری کنارے سے چیخ کر اعلانِ عشق فرماتے ہیں گویا حلقوم تمنا پر چھری پھیری جارہی ہو۔آواز اتنی ہولناک کہ معشوق کی صورت تو کیا یاد آئے ،قصاب کی صورت آنکھوں میں پھر جاتی ۔جب بوکڑ کوئے معشوق میں قدم رنجہ فرماتا ہے تو اپنی آمد کی اطلاع اپنی بھونڈی ، بھدی اور نہایت کرخت وکریہہ آواز سے دیتا ہے، گویا کہہ رہا ہو’’بچنااے حسینو، لو میں آگیا‘‘، معصوم بکریاں کم بخت کی آواز پر اپنے کان کھڑے

کر لیتی ہیں اور چبوترے کی بے سائگی میں پناہ لینے کی کوشش کرتی ہیں۔ بکریوں کو کیا معلوم کہ جب ہندوستان میں لڑکیوں کی آبرو محفوظ نہیں تو بکریاں کس شمار میں ہیں۔ ہم آج تک نہیں سمجھ سکے کہ بکروں کو اظہار عشق میں اس درجہ چیخنے اور چلانے کی ضرورت کیوں لاحق ہوتی ہے۔ مرغ کو دیکھیے ایک عدد نغمہ ریز بانگ ارشاد فرماتے ہیں ۔ نہ شور نہ شرابا۔ بوکڑوں کا یہ عالم کہ یورپ جیسے راستے اور لنکا جیسی منزل ۔اتنی سی بات کے لئے اتنا شور وغل کہ ایک ادیب اپنے مضمون سے، ایک شاعر اپنی شاعری سے اور ایک مزاح نگار اپنی طنزنگاری سے ہاتھ دھو بیٹھے ۔حمار خان کا بوکڑ جب محبوب بی کی بکری سے عشق کے تمہیدی کلمات ارشاد فرمانے منھ کھولتا ہے تو کیا مجال جو اپنی زبان اپنے منھ میں واپس بھی لے۔ آسمان بیکراں کی جانب اپنا سر اٹھائے مدتوں اپنی زبان کو جبین نیاز سے مس کرنے کی کوشش کرتا ہے گویا زبان حال سے کہہ رہا ہو۔

زندگی دینے والے بھی سن، تیری دنیا سے دل بھر گیا

اسکی خمار آلود آنکھوں میں عشق و محبت کے طوفان اُمڈ آتے ہیں ۔اور پھر وہ بکری سے یہی کہہ اٹھتا ہے'' ہر چہ باداباد ما کشتی در آب انداختیم ''اور پھر ہر سمت تمناؤں کے دیپ جل اٹھتے ہیں اور پھل جھڑیوں سے ساری فضا مسحور ہو جاتی ہے۔ محبت کے ان مناظر کو دیکھنے والوں کے سینوں میں بھی مدتوں سے سوئی ہوئی بلکہ مری ہوئی تمنائیں جاگنے کی تمہید باندھ کر پھر مر جاتی ہیں۔ ان میں بعض خوش بخت وہ ہوتے ہیں جن کا چراغ محبت میر تقی میر کا چراغ نا امید ہوتا ہے جو شام ہی سے بجھا سا رہتا ہے۔

پاشو آپا کی مرغیوں نے تو ہماری ناک میں دم کر رکھا ہے بلکہ دم کرنے کے لئے ناک پر اکتفا کرنا خود ہم سمجھتے ہیں کہ ناک کی توہین ہے۔ اب آپ ہی سوچئے ہمارا گھر ہے ہی کتنا، ایک کمرے اور آدھے دالان پر مشتمل ایک کوٹھی بلکہ کنگ کوٹھی ،اب اگر اس میں دس پندرہ مرغیاں ،ان مرغیوں کے درجنوں چوزے اور ان چوزوں کے والد گرامی قدر یعنی جناب مرغ مل جل کر حلّہ بول

دیں تو ایک شریف الطبع نیز رقیق السمع شاعر پر کیا گزرے گی۔ مرغیاں ویسے ہوتی بہت ڈھیٹ ہیں مدت سے انسانی صحبت سے فیض یاب ہیں اس لئے ان کے اندر انسانوں کی ہٹ دھرمی پیدا ہو گئی ہے ،کیا مجال جو ہماری ''ہش'' پر توجہ دیں ۔کھڑک مرغیاں تو ہش کیا چیز ہے ڈھول اور تاشے کی آواز کو تک خاطر میں نہیں لاتیں۔ یہ الفاظ ان کے ہاں تلنگانے کے لئے احتجاج کرنے والوں کی چیخ و پکار سے زیادہ نہیں، ادھر ہانکئے اُدھر سے آئیں گی اور اگر اُدھر سے ہانکیے تو اِدھر سے آئیں گی۔ سمجھ میں نہیں آتا کہ ان مرغیوں میں ایک عدد انڈا دے کر ایک گھنٹے تک پکارنے کی عادت کیوں ہوتی ہے۔ سارے محلّہ کو معلوم ہو جاتا ہے کہ آج مرغی نے انڈا عنایت فرمایا ہے۔ اگر مرغی انڈا دے کر ایک آدھ آواز نکال کر ایصالِ بیضہ سے خبردار کر دے بلکہ احسان بھی جتالے تو کوئی مضائقہ نہیں، لیکن یہاں تو ایک انڈا عنایت فرما کر ہم پر احسان کے ہزار پہاڑ توڑے جاتے ہیں کہ ''انڈا دیا ہے ۔آج ایک عدد انڈا دیا ہے ۔ہاں ہاں میں نے انڈا دیا ہے، ہاں ہاں میں نے انڈا دیا ہے، ارے بھی ہاں میں نے ہی انڈا دیا ہے۔ یہ انڈا کسی اور کا نہیں میرا ہی ہے۔ میں نے انڈا دیا ہے'' ایک آدھ دفعہ اپنی نیکی کا اظہار تو خود انسان بھی کرتا ہے لیکن یہ کون سی شرافت ہے کہ چار روپے کا انڈا دے کر چار گھنٹوں تک چلا چلا کر سر میں درد کیا جائے۔ بعض دانشمندوں نے یہ ارشاد فرمایا ہے کہ وہ انڈا دے کر زور زور سے یہ التماس کرتی ہے کہ پک پک پک پک پکاؤ کھاؤ پک پک پک پک پکاؤ کھاؤ ۔اب اس میں کتنی سچائی ہے یہ انڈوں سے شوق فرمانے والے جانے۔ اگر پاشو آپا سے شکایت کی جائے تو وہ شکایت رفع کرنے کی بجائے اپنی مرغی کے ساتھ خود بھی چلانے لگتی ہے اسے ایک نشد دوشد کہتے ہیں۔ بعض وقت تو پاشو آپا کی تمام مرغیاں ایک ساتھ انڈے دے کے ایک ساتھ چیخ و پکار کرنے لگتی ہیں۔ غضب تو یہ ہے کہ ان کے چوزے بھی خاموشی سے دانہ نہیں چگتے ،چار مرتبہ چوں چوں کرتے ہیں تو کم بخت ایک دفعہ منھ میں دانہ لیتے

تبسم اک چٹکی بھر (انشائیے) 33 مرتب : ادارہ شگوفہ

ہیں۔ان کی چوں چوں ہی کیا کم عذاب تھی کہ بچوں کی چوں چوں کے ساتھ ماں بھی مسلسل ''چیخ چیخ'' کرنے لگتی ہیں۔ اب یہی دیکھیے کہ ہم ایک خوب صورت سے مضمون کی تمہید باندھ رہے ہیں موڈ بھی بہت اچھا ہے ممکن ہے کہ ایک اچھا مضمون وجود میں آئے۔ایک اچھی سی شروعات ہو رہی ہے اور ایسے میں سرہانے میر کے آہستہ بولنے کی بجائے کہنہ مشق وسحر خیز لال مرغے نے پوری شہامت و صلابت سے زبردست بانگ ارشاد فرمادی ''ککڑوں ں ں کوں ں ں'' بخت آور مرغے کی آواز سننے کے بعد ہمیں یہ بھی یاد نہ رہا کہ ہمارے مضمون کا عنوان کیا تھا اور ہم سوچ کیا رہے تھے۔ہم سوچتے ہیں کہ کیوں نہ حضرت موذی کو کچھ دنوں کے لئے مرغوں کے ڈربے میں بند کر دیا جائے ممکن ہے غریب کی سوچ میں کوئی تبدیلی آئے اور اس کا طائر افکار سمتِ صحیح کی جانب پرواز کرنے لگے۔بعض جان لیوا بیماریوں میں علاج معالجے سے زیادہ ٹوٹکے کارآمد ثابت ہوتے ہیں۔بہر حال اگر ہم ان جانوروں میں گھرے نہ ہوتے تو یقیناً ایک کامیاب قلم کار ضرور ہوتے۔آہ! ہے کوئی جو ہمیں ہمارے زحمت دہندہ پڑوسیوں اور ان کے اذیت رساں جانوروں سے نجات دلا سکے۔

جس جانور نے ہمیں اپنا مکان بیچنے پر تک مجبور کر دیا، وہ ابو شیر کی گائے ہے۔جب دیکھیے راستہ روکے کھڑی ہے ،مانو ٹرافک پولیس کا کوئی رشوت خور جوان ہو۔اگر ایک آدھ گائے پر ابوشیر نے اکتفا کی ہوتی تو ہم اپنے گھر کو یوں فروخت کرنے پر مجبور نہ ہوتے۔ابو شیر کے ناخلف صاحب زادے شرفو نے بھی دو ایک بیل پال رکھے ہیں۔ہماری گلی کھوسٹ بڑھیا کی چٹیا کی طرح طویل اور پتلی واقع ہوئی ہے۔اس گلی سے دو آدمی کا بیک وقت گزرنا ہی مشکل ہے چہ جائیکہ ایک بیل اور ایک آدمی کا گزر ہو۔اب یہ ہماری بے وقوفی ہی تو تھی جو ابوشیر کو اپنی گلی میں دروازہ کھول لینے کی اجازت مرحمت فرمائی تھی پھر اس نے بد دیانتی کا ثبوت دیتے ہوئے ہماری مرضی کے بغیر دوسرا دروازہ نکال لیا۔ہمیں معلوم نہ تھا کہ یہ دور احسان فراموشی کا نہیں احسان کشی کا دور ہے۔ابوشیر جو ہمیں ابوشیر سے زیادہ ابوشر لگتا ہے، ہمیشہ اپنے ہاتھ میں چھری، چاقو اور تبر رکھتا ہے اور ہم کاغذ قلم کے آدمی ہیں۔اسے گائے، گوبر، گھاس کے علاوہ کچھ سوجھتا نہیں اور ہمیں عارض و کاکل اور چشم و ابرو کے علاوہ کچھ دکھائی نہیں دیتا۔بعد المشرقین ہے۔اور ہم اس سے پنگا نہیں لے سکتے۔ہم نے ایک دن احتجاج کرتے ہوئے این۔ٹی۔آر کی طرح اس کی دوکان کے سامنے دھرنا دیا تھا اور کپڑے اتار کر لیٹ گئے تھے لیکن کوئی فائدہ نہیں ہوا، الٹا نقصان یہ ہوا کہ لوگ ہمیں کوئی نکلی ہوئی چیز سمجھ کر مدتوں ہم سے ڈرتے رہے۔خدارا ! کوئی ہمیں ہمارے پڑوسیوں سے بچائے!

ایک دن تو پتہ نہیں ابوشیر کی گائے کو کیا ہوا، دندناتی ہوئی ،عالم توحش میں پہلے ہمارے گھر میں گھس پڑی اور اندر گھستے ہی اپنے عقبی دروازے کو وا کر دیا اور دفعۃً گرم گرم گوبر سے ہمارا مختصر سا آنگن ''گرین لینڈ'' ہو گیا۔ہر طرف ''شمامۃ العنبر'' کی خوش بو پھیل گئی پھر کم بخت نے محض اسی پر بس نہیں کیا آگے بڑھ کر دالان کو اپنے قدوم میمنت سے زینت بخشی اور اپنے آبشار کے دہانے کھول دیئے۔اگر اسے مستفید کرنا ہی تھا تو بازو ہی ابوشیر کا صاف ستھرا مکان تھا۔ہمارے دالان کو یہ شرف کیوں بخشا، کیا ہمارا گھر کوئی ''سرکاری پیشاب خانہ'' ہے کہ بے زبان جانور اپنی ضرورتیں پوری کر لیں؟مستزاد فراغت کے بعد حسبِ روایت، گائے نے اپنی طویل دم کو جو ادھر ادھر جھاڑا، در و دیوار صفروی سرخی مائل چھینٹوں سے مزین ہو گئے۔ایسا معلوم ہو رہا تھا گویا ہماری دیوار ایک کینوس ہے اور کسی احمق مصور نے ''ماڈرن آرٹ'' کا نمونہ پیش کیا ہے۔ اب جانوروں کو اتنی تمیز کہاں؟ گائے کا گھر میں گھسنا تھا کہ ایک ہنگامہ برپا ہو گیا، بیوی نے چیخ ماری، بچوں نے ''غوغا'' سے آسمان سر پر اُٹھا لیا، بہو سہم گئی، نوکرانی فرار۔ہم ہمت والے آدمی ہیں پنجرے میں مقید شیروں سے نہیں ڈرتے تو کہاں گائے بیل سے ڈریں گے، دم مروڑ کر جو ایک لات رسید کی گائے نے آنکھیں مٹکا کر لمبے سینگ

دکھا دیئے ۔ہم گائے بیل سے تو نہیں ڈرتے لیکن ان کے طویل سینگوں سے بہت گھبراتے ہیں۔کم بخت یہ لوگ اپنا سر نیچے کر کے ایک جھٹکے سے اوپر اٹھاتے ہیں ۔ہم نے گائے کو لاکھ ڈرایا ، دھمکایا ، بلکہ وہ تمام آوازیں جو ایسے موقعوں پر مشاق گڈریئے نکالتے ہیں مثلاً ھیھی ھڑ ھڑ ھرررر بریہا ہووو ولیکن ہماری تمام تراکیبِ مجنونانہ دھری کی دھری رہ گئیں بلکہ الٹی ہوگئیں سب تدبیریں کچھ نہ دوا نے کام کیا کے مصداق ،ابوشیر کی گائے ہمیں یعنی شیر ابن شیر کو آنکھیں دکھانے لگی ۔ہمیں اس وقت یقین ہو گیا کہ ہم جانوروں سے جیت نہیں سکتے۔ باہر جو نکل کر دیکھا تو بات سمجھ میں آ گئی کہ یہ ''عشق و عاشقی '' کا معاملہ ہے ۔باہر شرفو کا ایک کم عمر بیل کھڑا مخمور نگاہوں سے داخلہ کا ملتجی تھا۔کم عمری عاشق نامدار کو زیادہ دہشت گرد بنا دیتی ہے ۔ہم نے بیل کو ہانک دیا اور ابوشیر سے شکایت کی کہ تمہاری گائے ہمارے گھر میں گھس گئی ہے اور دہشت گردوں کی طرح دھاندلی مچا رہی ہے ۔گائے کی شکایت سننا تھا کہ وہ ہم پر بپھرے ہوئے بیل کی طرح ٹوٹ پڑا اور لگا کچھ بڑبڑانے۔اس کی بڑبڑاہٹ جب اس کی چڑ چڑی بیوی نہیں سمجھ سکتی تو ہم کیا خاک سمجھیں گے ۔ واقعی جو جس جانور کی صحبت میں رہتا ہے اس کے اندر بھی اسی جانور کے اثرات پیدا ہو ہی جاتے ہیں ۔ہم شاعرانہ انداز میں پر تکلف گفتگو کے خوگر اور وہ غریب غیر شاعرانہ مزاج کا علم بردار، جاہل مطلق ۔ہم نے کہا ''قبلہ و کعبہ''اس نے کہا ''کیا بولا بے'' ہم نے کہا'' للہ زحمت نہ دیجیے''اس نے کہا ''کیا کرتا کر لے جا''۔ہم نے کہا ''واللہ کل روز قیامت میں ۔۔''اس نے کہا ''بتاؤں کیا؟''۔اب آپ ہی سوچیے کہ جب ''زبان یار من ترکی و من ترکی نمی دانم ''والا معاملہ ہو تو ہم سوائے ''جواب جاہلان باشد خموشی'' کا ورد فرماتے ہوئے کیا اپنی ہار نہ مان لیں گے ۔قصاب کا فرزند دلبند و جگر بند تو کہتا ہے کہ اگر گائے بکری ،بھینس اور کھلگا ہمارے گھس پڑیں تو ہم انہیں ہانک دیا کریں ۔ہم کہتے ہیں کہ ہم میں اتنی ہمت کہاں کہ جانوروں کو مار بھگائیں ،مہاتما گاندھی کی ہمت بے کراں ہم کہاں سے لائیں۔انہوں نے جانوروں کو ارض ہند سے مار بھگایا تھا ہم ان کی اتباع کا تک حوصلہ نہیں رکھتے۔ یہ اور بات ہے کہ جن جانوروں کو مہاتما نے مار بھگایا تھا اب وہی انسانی شکل لئے دیار ہند میں آباد ہیں ۔ہم ابوشیر سے یہ کہاں کہتے ہیں کہ وہ اپنا آبائی پیشہ چھوڑ دے ،اگر وہ اپنا پیشہ چھوڑ دے تو نان و کباب ،شامی وشکم پر، بریانی اور پسندے نیز نرم و لذیذ کوفتوں سے ہمارے کام و دہن کہاں محظوظ ہوں گے ۔ ہم ابوشیر سے صرف یہ التجا کرتے ہیں کہ وہ ہماری گلی سے گائے ،بھینس ،کھلگے اور بیل ہٹالے بس یہی کافی ہے ۔لیکن افسوس کہ ابو شیر نے اپنے جانور ہٹانے سے انکار کر دیا ہے اب ہم نے فیصلہ کر لیا ہے کہ جب جانور نہیں ہٹائے جاتے تو شرافت کا ثبوت دیتے ہوئے کیوں نہ ہم ہی اپنا بوریا بستر باندھ کر اپنے محلّہ یاقوت پورے سے ہٹ جائیں اور جاتے جاتے ''میں چپ رہوں گی'' کا یہ رسیلا نغمہ گنگنا جائیں ۔۔

''خوش رہو اہلِ چمن ،ہم تو چمن چھوڑ چلے''

☆……○……☆

مختار ٹونکی
ٹونک ،
راجستھان

ظن وزن

علی الصباح بروز یک شنبہ ہم سنڈے موڈ میں آنکھوں کو بند کر کے تصور میں پڑے تھے اور قتیل شفائی کی طرح سوچ رہے تھے کہ ایسے میں کوئی چھم سے جو آ جائے تو کیا ہو، تبھی بچوں کی والدہ اور ہماری شرعی زوجہ کی بھڑک دار وکڑک دار آواز سنائی دی:

'اجی ! سنتے ہو، دیوار کی منڈیر پر کوا کائیں کائیں کر رہا ہے، کوئی مہمان آنے والے ہیں'۔

یہ زاغیلی آواز سن کر ہمارے ہوش پتنگ ہوگئے ۔کم بخت نے سارا موڈ چوپٹ کر دیا، ہم نے جوابی ہانک لگائی۔

'کون آئے گا ؟ ساسو ماں ہمارے آنسو نکالنے کے لیے آ رہی ہوں گی'۔

خیر گذری کہ بیگم نے سنا نہیں ورنہ صبح ہی صبح تیسری جنگ عظیم اور دوسری مہابھارت بے فائدہ چھڑ جاتی اور پھر خدا کا کرنا ایسا ہوا کہ ہماری کھوپڑی میں ہانڈی کی طرح کھدبد ہونے لگی اور خیالات بے ہودہ کی کھچڑی پکنے لگی کہ آخر کالا کلوٹا سالا کوا دیوار کی منڈیر پر ہی آ کر کائیں کائیں کیوں کرتا ہے۔ اس کو کھوج خبر کہاں سے مل گئی کہ مہمان ہمارے غریب خانے پر قدم رنجہ فرمانے والے ہیں ۔ واللہ ! یہ تو سراسر و برابر تحقیق کا موضوع ہے۔ ارے ! آج کل تو موبائل کا زمانہ ہے ۔ کسی کو ہماری جھونپڑیا میں آنا ہوتا تو فوراً اپنے موبائل سے ہمیں بیٹھے سے موبائل کر دیتا۔ کوے کی ایسی تیسی ، وہ کہاں کا دانائے راز ٹھہرا یوں ہی کسی نے بے پر کی اڑائی ہے۔ اس طرح کا قیاس سراسر بکواس ہے۔ پھر ہمارے دماغ میں اسپ ہائے خیالات کی گھڑ دوڑ ہونے لگی کہ اس طرح کی بہت سی باتیں ،خرافاتیں ہیں جو زمانہ قدیم سے چلی آ رہی ہیں اور ہمیں الو کی دم فاختہ بنا رہی ہیں ۔ درجنوں ٹونے ٹوٹکے ہیں جو معاشرے کی دم میں اٹکے لٹکے ہوئے ہیں اور بیسیوں اوہام ہیں جنہوں نے سماج میں کہرام مچا رکھا ہے ۔ یوں ہوگا تو یہ ہوگا اور ووں ہوگا تو وہ ہوگا ۔ اب دیکھئے نا! آپ بن ٹھن کے قیمتی سوٹ زیب تن کر کے کہیں جانے والے ہیں ۔ ادھر آپ نے قدم بڑھایا کہ گربہ صاحبہ نے مسٹر موش کے پیچھے دوڑ لگائی ، آپ کا راستہ کاٹ دیا ۔ کورانہ عقیدہ ہے کہ اگر بلی راستہ کاٹ جائے تو کام چوپٹ ہوجائے گا اور نفع بھی نقصان کے کھاتے میں جائے گا ۔ یہ بھی خوب گھڑی ۔ ارے بے چاری بلی کو کیا پڑی کہ وہ آپ کے آڑے آئے گی اور راستہ کاٹ پیٹ کے آپ کو ضرر پہنچائے گی ۔ یہ تو انسان کا گمان ہے کہ اس نے بلی کو ہوا بنا لیا ہے اور اگر واقعی بلی بلائے جاں ہے تو دیر کس بات کی گربہ کشتن روز اول باید ۔ نہ رہے گا بانس نہ بجے گی بانسری یوں بھی تو سوچا جا سکتا ہے کہ

بلی نے رستہ کاٹا ہے
کچھ اچھا ہونے والا ہے

ویسے عام طور پر کتے بھونکا کرتے ہیں ۔ بھونکنا ان کا پیدائشی حق ہے لیکن کبھی کبھار ہوک اٹھتی ہے تو رونے پر بھی اتارو ہو جاتے ہیں ۔لوگ باگ انہیں اپنے گھر کے سامنے سے بھگاتے ہیں کہ گریۂ سگان دہر بدشگونی ہے ۔ کہتے ہیں کہ یہ تبھی روتے ہیں جب کوئی عدم کی راہ جانے والا ہوتا ہے ۔ اس کا مطلب یہ ہوا کہ مستقبل کی باتیں جان لیتے ہیں اور موت کی آہٹ پہچان لیتے ہیں ۔ واہ بھئی واہ ! ہم نے تو سنا ہے کہ

کتے بھونکیں ہزار ، ہاتھی چلے بزار

ویسے یہ بھی مشہور ہے کہ:

آواز سگاں کم نہ کند رزق گدارا

کتا فضیحتی یہ بھی ہے کہ سچی جھوٹی یہ ہوائی بھی اڑائی گئی ہے کہ جس گھر میں کتا موجود ہو، وہاں فرشتے نہیں آتے ہیں۔ اب وہ رحمت کے فرشتے ہوں کہ زحمت کے فرشتے جس کو اپنی جان عزیز ہو اور زندگی پیاری ہو وہ کتا پال لے۔ ملک الموت بھی آئے گا تو اس کی خوبو پا کر دبے پاؤں لوٹ جائے گا۔ کیا آپ جانتے ہیں کہ کچھ لوگ گھر میں جانور اس لیے پالتے ہیں کہ اگر کوئی بلا آئے گی تو ان کے سر جائے گی تو پھر کتا ہی کیوں نہ پالیں ، قضا بھی گھبرا جائے گی۔ اصحاب کہف غار میں پڑے سو رہے ہیں اور قیامت تک سوتے رہیں گے۔ ان کا کتا بھی غار میں سو رہا ہے۔ فرشتۂ اجل کی کیا مجال کہ اندر گھسے اور اس کی روح قبض کر سکے۔۔

چلئے ! ہم کتا بلی سے کرتے ہیں گریز کہ اور بھی 'ظن' ہیں زمانے میں سگ و گربہ کے سوا۔ کچھ مادر پدر جب پسر دختر کے نکاح بیاہ کا کرتے ہیں اہتمام تو تین تیرہ تاریخ کا نہیں کرتے التزام کہ کہیں شادی خانہ آبادی کا بکھیڑا بھی تین تیرہ نہ ہو جائے یعنی تاریخیں بھی منحوس ٹھہریں اور ایام بھی بدنام ہوئے۔ اب ایسا وہمی لوگوں سے کون تین پانچ کرے کہ تین کا تو ہر جگہ دور دورہ ہے اور تیرہ کو تو جواری بھی لکی نمبر گردانتے ہیں۔ ایسی صورت حال میں۔

کوئی بتلائے کہ ہم سمجھائیں کیا

ارے صاحبو! بہت سی بیکار کی باتیں ہیں اور بے جا رسموں کی خرافاتیں ہیں۔ ہمارا معاشرہ ظن ہائے بے جا کا اکھاڑا ہے۔ جیسے ایک بے ہودہ خیال یہ بھی ہے کہ لیٹے ہوئے شخص کو پھلانگنا نہ چاہیے ورنہ اس کا قد چھوٹا ہو جائے گا۔ واہ بھئی واہ ! یعنی اگر کوئی شخص بانس کی طرح لمبا تڑنگا ہو اور اپنا قد چھوٹا کرانا چاہتا ہو تو اس کو زمین پر لٹا دو اور اس کے اوپر سے کود جاؤ۔ تن بدن میں کھجلی چلے تو کھجاؤ لیکن ہاتھ کی ہتھیلی میں کھجلی چلے تو چومو کہ کہیں سے پیسہ آئے گا یعنی اگر آپ غریب الغرباء ہیں اور دولت کے طلبگار ہیں تو جنگل سے کھجلی کی بوٹی ڈھونڈھ لائیں ہتھیلی پر رگڑیں، کھجلی ہو جائے گی تو دولت بھی لونڈی باندی کی طرح چلی آئے گی۔ یاد آیا کہ پاوں کے تلوے میں کھجلی چلے تو سفر درپیش ہوگا۔ ارے میاں ! چھوڑو بھی کہاں کی ہانک رہے ہو۔ ریلوں میں ،بسوں میں یہاں تک کہ ہوائی جہازوں میں روزانہ صبح وشام سینکڑوں لوگ سفر کرتے ہیں اور روانگی سے قبل انہیں کوئی کھاج کھجلی نہیں ہوتی۔ دائیں آنکھ کی پتلی پھڑکے تو کیا ہوگا اور بائیں آنکھ کی پتلی پھڑکے تو کیا ہوگا۔ یہ تو آپ بھی جانتے اور خیر سے مانتے ہوں گے۔۔

ابھی دو چار دن پہلے کی بات ہے کہ ہم ہمارے ایک پڑھے لکھے یار غار کی دکان عظیم الشان پر گئے۔ ہم نے دیکھا کہ اس کی دکان کے موکھٹے پر ایک لیمو اوپر نیچے ہری مرچوں کے ساتھ ایک ڈورے سے لٹکا ہوا ہے۔ ہم نے بر سبیل گفتگو اس کے بارے میں دریافت کیا تو وہ کھسیانی ہنسی ہنس کر بولا 'کچھ نہیں ، کچھ نہیں ، یہ اینٹی وائرس ہے'۔ اسی طرح کچھ لوگ اپنے گھر کے دروازے پر گھوڑے کی نال لٹکاتے ہیں کہ یہ اینٹی جادو ٹونا ہوتی ہوگی۔ واللہ ! ہم نے تو یہ بھی دیکھا ہے کہ پہلے جب کوئی نیا مکان بنواتا تھا تو ازراہ ٹوٹکا نظر بد سے بچانے کے لیے ایک کیل کے سہارے اوندھی ہانڈی لٹکا دیتا تھا۔ آج کل پرانا دھرانا ٹائر یہ کام انجام دینے لگا ہے۔ کیوں کہ مٹی کی ہانڈی کا عہد خاکی تو گذر چکا۔ زمانہ لاکھ کروٹ بدل لے دنیا اِدھر سے اُدھر ہو جائے لیکن ذہنوں میں گھسے ظن ہائے بے جا کہیں بدلتے ہیں۔۔

حد نہ کوئی بھی اعتقاد کی ہے

منحوسیت بھی اسی ضمن میں آجاتی ہے کیوں کہ یہ بھی ظنِ بد کی ناتی ہے۔ گھر میں کوئی نومولود وارد ہو اور دوران ولادت اس کی ماں اللہ کو پیاری ہو جائے یا اور کوئی بُرا واقعہ ظہور پذیر ہو جائے تو سمجھ لیا جاتا ہے کہ بچہ منحوس ہے۔ اسی طرح اگر نئی نویلی دلہن اپنے

سسرال میں آئے اور سال چھ مہینے کے اندر گھر کا کوئی فرد عدم آباد کی طرف لڑھک جائے تو عروس اپنے ماتھے پر جھومر کی بجائے منحوس کا لیبل چسپاں کرالیتی ہے گویا مرے کوئی بھرے کوئی یعنی طویلے کی بلا بندر کے سر جائے تو وہ جائے کدھر۔

کہتے ہیں کہ وہم کی دوا لقمان کے پاس بھی نہیں تھی ۔ ہوتی بھی تو پار نہیں پڑتی کہ اوہام گزیدہ بے شمار ہوتے ہیں ۔ ادنیٰ کے ساتھ اعلیٰ بھی تو ہم کا شکار ہوتے ہیں ۔خصوصاً ظن اور زن کا تو چولی دامن کا ہی نہیں کنگھی چوٹی کا ساتھ ہے ۔ کہہ دیں کہ طبقۂ نسواں تو اوہام کے زیر سایہ ہی پلتا اور بڑھتا ہے اور سایہ کبھی کبھی ان پر چھا بھی جاتا ہے۔ آپ نے دیکھا اور سنا ہوگا ۔ کہ کسی درگاہ ، خانقاہ کے قریب کوئی پیڑ ہو تو اس کی ہر ڈال پر چندیاں ، چیتھڑے لٹکے ہوتے ہیں ، یہ سب خواتین خصوصی اور حاجت مند مستورات کی حرکات بے برکات ہیں ۔ شومئی قسمت سے اگر کوئی شادی شدہ عورت بال بچے دار نہیں ہے اور ہری بھری ہونا چاہتی ہے تو بارگاہ خدا وندی میں سربسجود ہو اور اپنے خالق حقیقی سے طالب اولاد مسعود ہو ۔ اگر کوئی بدصورت باکرہ ایک عدد شوہر کی طلب گار ہے تو اس کا بیڑا پار کرنے والا بھی پروردگار ہے ۔ ایک نہیں ، دو نہیں ، چار نہیں اس ضمن میں درجنوں مثالیں پیش کی جاسکتی ہیں ۔ اکثر شادی شدہ عورتیں سفید پوشاک سے کرتی ہیں پرہیز کہ سفیدی بیوگی کی نشانی ہے اور انہیں شام غم میں کاٹنی نہ زندگانی ہے ۔ سفید کپڑے زیب تن کرلیں تو خدانخواستہ خاوند سے ہاتھ نہ دھو بیٹھیں اور زندگی کا سارا مزا ہی کھو بیٹھیں ۔ اب ان سے کون کہے کہ

بنت مریم تجھے ہوا کیا ہے

جب سجیں گی ، سنوریں گی تو اپنے گلنار رخسار پر کالا ٹیکہ بھی لگالیں گی کہ کسی کی نظر نہ لگ جائے ۔ چشم بد دور کی ایسی تیسی چچا غالب بھی بدنظر کے قائل تھے اور اپنے محبوب کے دست و بازو کی سلامتی کو مقدم سمجھتے تھے ۔ بہر کیف ، صد حیف کہ ٹونے ٹوٹکوں کی دنیا عجیب ہے اور جہاں اوہام یار لوگوں کا نصیب ہے ۔ ہم اور کچھ کہیں گے تو شکایت ہوگی ۔ بے فائدہ کدورت ہوگی ۔ اس لیے ہم آزاد قاسمی کے اس قطعہ پر اپنی خامہ فرسائی کا دی اینڈ کرتے ہیں:

ہم نے اوہام کے اندھیروں میں
شمع ایقاں سے روشنی کی ہے
پھر بھی اس جرم پاک پر ہم سے
دوستوں نے بھی دشمنی کی ہے

☆......○......☆

ڈاکٹر صفدر
امراوتی (مہاراشٹر)

شاعروں کی سزائیں اور کفارے

مشہور ہے کہ شعر اور شاعر بے ضرر ہوتے ہیں۔ اس لیے شعرا کی خطائیں بھی سادہ سادہ ہوتی ہیں اور ان کی سزائیں بھی۔ ایسا شاذ ہی ہوا ہو کہ شعر کہنے کے جرم میں کسی کو سزائے موت سنائی گئی ہو۔ اللہ تعالیٰ کے دربار میں بھی صرف شرک ، ناقابلِ معافی گناہ قرار دیا گیا ہے۔ پھر یہ بندے اور ان کا معاملہ ہے کہ چاہے معاف کردے یا سزادے۔ کسی شاعر نے ایک با اختیار وزیر کی ہجو کہی۔ بات وزیر تک پہنچی ۔ وزیر کو شاعر کی جسارت پر غصہ نہیں آیا، ہنسی آئی۔ اُس نے شاعر کو سزا بھی پر لطف دی۔ حکم دیا کہ شاعر کو دو گھڑے شربتِ سنا کے پلا دیے جائیں۔ اُس کی لنگی کس کر باندھ دی جائے۔ دونوں ہاتھ بھی باندھ دیے جائیں اور شہر کا گشت کرایا جائے۔

خطا اور نسیان آدمی کی فطری مجبوری ہے۔ اب آپ اسے خطا کہیں یا نسیان بعض لوگ دوسروں کے شعر اپنے نام کر لیتے ہیں۔ اِس عمل کے دو نام دیے گئے ہیں 'سرقہ' اور توارُد۔ شاعر کا یہ عمل یا ہاضمے کی خرابی کے سبب ہوتا ہے یا حافظے کے خلل کا نتیجہ ہوتا ہے۔ جب تک اللہ کو منظور ہوتا ہے وہ شعر اس کے نام سے سفر کرتا رہتا ہے۔ پھر ایک دن بھانڈا پھوٹتا ہے کہ یہ تو سرقہ ہے۔ دراصل یہ شعر فلاں دہلوی، لکھنوی یا وہانوی کا ہے۔ شاعر پر رحم کھا کر کہا جاتا ہے کہ یہ سرقہ نہیں، توارد ہے۔ قضا و قدر کے نظام میں کوئی گڑ بڑ ہو جاتی ہے تو ایک ایک شعر ایک سے زیادہ شاعروں پر نازل ہو جاتا ہے۔ اسے توارد کا نام دے دیا جاتا ہے۔

کچھ دیدہ دلیر ادیب تو کتابوں پر ہی ہاتھ صاف کر دیتے ہیں اور دوسروں کی کتابیں اپنے نام سے شائع کر دیتے ہیں۔ پھر خدا ایک خاص وقت پر دودھ کا دودھ اور پانی کا پانی کرنے والے کو بھیج دیتا ہے۔ جیسے چودھری محمد نعیم، فضیل جعفری ، عمران شاہد بھنڈر، شاہد رشید وغیرہ۔ یہ لوگ انکشاف کرتے ہیں کہ فلاں کتاب کا مصنف فلاں نہیں بلکہ فلاں فلاں ہے۔

ہمارے رائے میں یہ سرقہ بھی خدائی فیصلے کے تابع ہوتا ہے۔ اصل میں کتاب کے اصل مصنف کی سادہ سادہ خطاؤں کے سبب اللہ تعالیٰ سرقہ کاروں کو اُن کی کتابوں پر مسلط کر دیتا ہے۔ یہ اصل ادیبوں کو دی گئی قدرت کی سزا ہوتی ہے۔ سرقہ کار کو بھی یہ سزا ملتی ہے کہ چند روز تک لوگ ان کے سرقے کا ڈھول پیٹتے ہیں اور بالآخر چپ ہو جاتے ہیں۔ سرقے کا بھانڈا پھوڑ کرنے والوں کو بھی یہ سعادت اپنے نیک اعمال کے صلے کے طور پر ودیعت کی جاتی ہے۔ تھوڑے دن تک وہ بھی خوب واہ واہی لوٹتے اور دادِ عیش دیتے ہیں۔ اسے کہتے ہیں ۔۔۔۔ ''کسی کا گھر ٹوٹے کسی کو کام ملے''۔۔

میں عرض کر چکا ہوں کہ شعر و ادب کی دنیا میں کوئی جرم ، جرم عظیم نہیں ہوتا۔ کسی کو سرقے کے بدلے کوئی عبرت ناک سزا نہیں دی گئی۔ لوگ کچھ دن تک ہنستے ہیں ، چپ ہو جاتے ہیں۔ بلکہ زیادہ دیر تک ہنسنے والوں کو بھی چپ کرا دیتے ہیں، وہ بھی ڈھٹائی کے ساتھ۔ چنانچہ ایک بھانڈا پھوڑ ادیب کو کچھ لوگوں نے پکڑ کر پوچھا۔ ''آپ کو کیا ملا؟'' کہا ''مجھے کچھ نہیں ملا۔ مگر اصل مصنف کو اس کی کتاب مل گئی۔'' جواب آیا کہ وہ تو پہلے ہی سے اس کے نام سے چھپی ہوئی ہے۔ اس کی کتاب کو لوگ اس کے نام کے ساتھ پڑھیں گے اور نئے مصنف کو اس کے نام سے

پڑھیں گے، دونوں کی محنت ضائع نہیں ہوگی۔

اس بات پر یاد آیا ایک مسجد کے متولی چندہ کرتے تھے۔ حساب نہیں دیتے تھے۔ لوگوں نے حساب مانگا تو متولی صاحب نے بڑی پتے کی بات کہی ''چندہ ہم کریں۔ حساب طلب کرنے والے آپ کون ہوتے ہیں؟ تم بھی چندہ کرو۔ ہم جو پوچھیں تو جو چور کی سزا وہ ہماری ؟'' یہ بڑی بات ہے اور رہنمائی بھی۔ بعض لوگوں کی سمجھ میں بات آگئی اور انہوں نے عمل بھی شروع کر دیا۔ آپ بھی کسی اُستاد کی غزل تخلص بدل کر اپنے نام سے پڑھ سکتے ہیں۔ بلکہ چھپوا بھی سکتے ہیں۔

شاعروں کی معمولی بے ضرر خطاؤں پر اللہ تعالیٰ سزائیں بھی مختلف صورتوں میں دیتے ہیں۔ شاعر کی سزا کی ایک صورت یہ بھی ہے کہ اللہ ادیبوں کا حافظہ بگاڑ دیتے ہیں۔ چنانچہ وہ اپنے تنقیدی تحقیقی مضامین میں کسی کا شعر کسی اور کے نام سے نقل کر دیتے ہیں۔ سزا کی میعاد پوری ہونے تک وہ شعر غلط نام سے نقل در نقل چلتا رہتا ہے۔ سزا کی میعاد پوری ہونے پر کوئی دادِ تحقیق دیتا وارد ہوتا ہے اور شعر اپنے اصل خالق سے جاملتا ہے۔

آدمی چھوٹے چھوٹے گناہ کر کے بھول جاتا ہے۔ غالبؔ فرماتے ہیں:

یاد تھیں ہم کو بھی رنگا رنگ بزم آرائیاں
لیکن اب نقش و نگارِ طاقِ نسیاں ہوگئیں

اس رنگارنگی کو غالب نے طاق نسیاں میں ڈال دیا۔ لیکن قضا وقدر کے ہاں کوئی طاق نسیاں نہیں ہے۔ اِس لئے غالبؔ کو اور ان جیسے بڑے شاعروں کو اللہ یہ سزا دیتا ہے کہ ان پر برے قاری مسلط کر دیتا ہے۔ ایسے ہی ایک برے قاری نے غالبؔ کا مصرع یوں پڑھا۔

قید و حیات و بند وغم اصل میں دونوں ایک ہیں

ایک اُس سے زیادہ برے قاری نے یوں دادِ تحقیق دی کہ مصرع یوں نہیں یوں ہونا چاہے بلکہ غالبؔ نے یوں ہی کہا ہوگا کہ ع

قید و حیات و بند وغم اصل میں چاروں ایک ہیں

غالبؔ کے ایک اور مصرع پر برے قاری مسلط ہوئے، ایک نہیں بلکہ کئی۔ وہ مصرع یوں پڑھتے ہیں۔

اِبنِ مریم ہَوا کرے کوئی

ایسے ہی ہمارے ایک دوست اس تحریف کی تائید میں فرماتے ہیں کہ ہوا کرے، کا کیا مطلب ہے؟ ابن مریم تو ابن مریم ہے ہی۔ ہوا کرنے سے مراد دَم کرنا ہے۔ کیا اب بھی آپ ہمارے محقق دوست کی خیال آرائی کی داد نہیں دیں گے۔

کبھی کبھی خراب قاری شاعر کے سادہ سادہ گناہوں کا کفارہ بھی کرتا ہے۔ ہم نے ایک طالب علم سے پوچھا! میاں آج اُردو کے گھنٹے میں آپ کو کیا پڑھایا گیا؟'' جواب ملا۔۔۔'' آج ہمیں فآنی بدایوانی کی غزل پڑھائی گئی۔ عرض کیا ؟ کیا؟ کیا کہا میاں صاحبزادے؟'' کہا'' آپ نہیں جانتے ؟ فانی بدایونی تو بڑے شاعر ہیں۔ وہی جو مر مر کے جیتے جاتے تھے۔'' ہم نے کہا تم ضرور حشر کے میدان میں ان کے گناہ بخشواؤ گے۔

ہم نے مضمون یہاں تک لکھا تھا کہ ہمارے ایک دوست تشریف لائے۔ وہ ایک اسکول میں صدر مدرس ہیں۔ اسے پڑھ کر فرمایا کہ حضرت آپ سے ہم پوری طرح متفق ہیں۔ آج کل اُردو کے استاد اور طالبِ علم استاد شاعروں کے گناہ بخشوا رہے ہیں یا اُن کے گناہوں کا کفارہ ثابت ہو رہے ہیں۔ اللہ اِن سب کو دارین کا ثواب عطا فرمائے۔ (آمین)

شاعروں کی سزا کی ایک صورت یہ بھی ہے کہ اللہ تعالی بڑے شاعر پر برا شعر نازل فرما دیتے ہیں۔ کوئی کلیم الدین احمد، کوئی رشید حسن خاں یا کوئی فاروقی اُن کا تجزیہ کرتا ہے تو اُردو کا عام قاری انگشت بدنداں رہ جاتا ہے۔

ہمارے ایک خوش فکر ادیب ہوئے ہیں خامہ بگوش۔ وہ جب تک جیسے بیسویں صدی کے شاعروں اور ادیبوں کے کفارے کا سامان کرتے رہے۔ اکیسویں صدی کے شاعروں ادیبوں کو انتظار ہے کہ اللہ ان کے لئے بھی کوئی خامہ بگوش پیدا فرما دے۔

جی، میں ہوں ڈاکٹر علیم خان فلکی

61 سال سے ساکنِ ارضی ہوں ۔سعودی عرب میں کئی سال گزارے، کئی ملکوں کی خاک چھانی پھر مستقل وطن لوٹ کر مجھ میں قوم کی خدمت کا جذبہ اسی طرح جاگا جس طرح بڑے سرکاری ریٹائرڈ افسروں کے دل میں ساری عمر سیکولرزم سے وفاداری بشرطِ استواری نبھانے کے بعد قوم کی خدمت کا جذبہ جاگتا ہے اور پھر یہ لوگ جلسوں میں مہمانِ خصوصی یا تقسیم انعامات کے لیے کام آتے ہیں یا پھر قریبی مسجد کی انتظامی کمیٹی کے کسی عہدے پر فائز کئے جاتے ہیں۔

آصف جاہی حکمراں نواب میر محبوب علی خان کے دور میں فلک نما پیلس تعمیر تو ہوگیا لیکن ڈیڑھ سو سال تک خالی پڑا رہا اُس کا کوئی مصرف طئے نہ ہوسکا۔ اس سے پہلے کہ نواب صاحب یہ فیصلہ کرتے کہ اسے کس کے نام سے منسوب کریں وہ چل بسے اور یہی سوچتے سوچتے ان کے صاحبزادے نواب میر عثمان علی خان بھی چل بسے۔ چونکہ پیدائش سے جوانی (جو ابھی جاری ہے) تک فلک نما میرا وطن رہا اس لئے اس محل کی پہچان باقی رکھنے کے لیے مجھے خود ہی فلکی کا لقب اختیار کر کے فلک نما کو اپنے نام سے منسوب کرنا پڑا۔ اِس طرح فلک نما مشہور تو ہوگیا لیکن پھر اتنا چلّر ہوگیا کہ چائے والے بھی ڈونالڈ ٹرمپ کی بیٹی کے ساتھ یہاں آکر ڈنر کرتے ہیں۔

مجھے شہرت پسندی بالکل پسند نہیں جس کا سوشیل میڈیا پر میں مستقل اعلان کرتا رہتا ہوں۔ سمجھداروں کی بہت عزت کرتا ہوں جس کی وجہ سے بیوقوف میرے مخالف ہوجاتے ہیں۔ بچپن سے لکھنے کا شوق ہے۔ اُن سے بہتر لکھتا ہوں جو کچھ بھی نہیں لکھتے۔ میرا قلم بہت قیمتی ہے، یہ کبھی بِکا ونہیں رہا یعنی آج تک کسی رسالے یا اخبار نے ایک پیسہ بھی معاوضہ ادا نہیں کیا۔ ان میں شگوفہ بھی شامل ہے جس میں محض ادبی شغف کے باعث بیس سال سے لکھ رہا ہوں۔ جس کے کئی پڑھنے والے گزر چکے ہیں، ان کے بچّوں کو اردو تو نہیں آتی لیکن ثواب کے لیے ڈاک لے کر رکھ لیتے ہیں کیونکہ یہ ابا جان کی یادگار تھی۔ پوچھتے بھی نہیں کہ ابا جان کی کتنی سالانہ خریداری باقی ہے۔

کاروبار شروع کیا۔ اتنا کامیاب کاروباری رہا کہ جسے بھی کاروبار میں ڈوبنے کا شوق ہو وہ شوق سے میرا پیسہ لے کر کاروبار میں لگائے۔ خاندانی جھگڑوں کی کونسلنگ کرتا ہوں۔ جس سے لوگوں کو پُرانے جھگڑے ختم کر کے نئے جھگڑے شروع کرنے میں مدد ملتی ہے۔ لوگوں کی چُھپا کر مدد کرنا اچھا لگتا ہے اس لئے جس کی بھی مدد کرتا ہوں اِس وعدے پر کرتا ہوں کہ نہ رسید پر میرا نام لکھیں گے اور نہ کسی کو بتائیں گے۔ غیبت بالکل پسند نہیں کرتا اس لیے اقبال شانہ وغیرہ کو کئی بار ڈانٹ چکا ہوں کہ میرے ناپسندیدہ لوگوں کے علاوہ کسی اور کی غیبت میرے سامنے ہرگز نہ کریں۔ قطع کلامی کرنے والوں سے مجھے سخت الرجی ہے۔ قطع کلامی اور کتّے کے بھونکنے میں کوئی فرق نہیں ہوتا، وہ سامنے والے کی بات مکمل ہونے کا انتظار نہیں کرسکتے۔ یا تو بول پڑتے ہیں یا بھونک پڑتے ہیں۔ مشورے دینے سے سخت چڑ آتی ہے۔ پہلے پہل مروّت میں بے تکے مشورے بھی سرہلاتے ہوئے فرمانبرداری سے سن لیا کرتا تھا لیکن اب ہر مشورے کی عمل آوری پر پیش آنے والے اخراجات کا فوری تخمینہ پیش کر کے ان سے آدھا خرچ برداشت کرنے کے لیے کہتا ہوں جس کا وہ گرمجوشی سے وعدہ کر کے دوبارہ نہیں ملتے۔ جیسے پچھلے ہی ہفتے ایک صاحب نے مشورہ دیا کہ ڈاکٹر مصطفیٰ کمال صاحب تو شگوفہ بند کرنے والے ہیں لہذا آپ لے لیجئے یہ ایک تاریخی کام ہوگا۔ میں نے

ان کے شاندار مشورے کو سراہا اور نئی آفس، سکریٹری، چھپوائی اور ڈاک وغیرہ کا حساب لگا کر انہیں بتایا کہ ہر ماہ کم سے کم پچاس ہزار روپئے کا خرچ آئے گا۔ اگر وہ ماہانہ پچیس کا انتظام کر دیں تو میں باقی ڈال کر ان کے ساتھ جوائنٹ ایڈیٹر بن کر کام کرنے تیار ہوں۔ وہ ٹپٹائے۔ انہیں خود شائد یہ یقین نہیں تھا کہ وہ اتنے مہنگے مشورے دینے کی صلاحیت بھی رکھتے ہیں۔ انہوں نے فوری ہاتھ ملایا، ضرور ضرور کہتے ہوئے اچھا انشاللہ بہت جلد ملیں گے کہہ کر رخصت ہوگئے۔ اس دوران شگوفہ نے دس سال اور مکمل کر کے پچاس سال کا ہوگیا وہ دوبارہ نہ ملے۔ مجھے بے وقوف سمجھا تھا جو میں مصطفیٰ کمال کی طرح اردو کے لیے اپنی جوانی بیچلرز کوارٹرز کے ایک بوسیدہ کمرے میں گزاردوں گا۔ جو مزاح کے ہجے نہیں جانتے وہ بھی مجھے ایسے ایسے مضامین بھیجیں گے جو وہ خود دوبارہ نہیں پڑھتے ، میں ان کا ایک ایک لفظ پڑھوں گا پھر اصلاح کروں گا ٹائپ کرواونگا، پھر بیوی بچے گھر پر انتظار کرتے رہیں گے اور میں ان مضامین کی پروف ریڈنگ کرتا بیٹھا رہوں گا۔ پھر جا کر خود ہی پریس میں دے کر، بنڈلوں کی خود ہی حمّالی کر کے لے آوں گا، ایک چائے والے کی مدد سے رسائل پیک کروں گا، ایڈریس چپکاوں گا اور خود ہی اٹھا کر پوسٹ آفس کی لائین میں کھڑا ہوجاوں گا۔ مجھے شگوفہ کے وہ امیدوار یاد آگئے جنہوں نے شگوفہ کو لاکھوں کمانے والا ٹائمس آف انڈیا سمجھا اور مصطفیٰ کمال کو بازو ہٹا کر شگوفہ کے چیف مینیجنگ ایڈیٹر بن جانے کے خواب لے کر آئے لیکن دو چار روز میں ہی رخصت ہوگئے، البتہ تصوّر کے لاکھوں کا جو نقصان ہوا اُس کا غم آج تک منا رہے ہیں۔

جی، میں ہوں ڈاکٹر علیم خان فلکی۔ میرے عقلمند ہونے پر آپ کو ہرگز شک نہیں ہونا چاہئے کیونکہ یونس بٹ کہتا ہے کہ اللہ تعالیٰ نے ہر عقلمند کے حصے کے بیوقوف پیدا کیے ہیں جو اُس کے مضامین آخر تک پڑھتے ہیں۔ مضمون آخر تک پڑھنے کا بہت بہت شکریہ۔

☆......○......☆

ڈاکٹر علیم خاں فلکی

پاشیریا Posheria

یہ بہت پرانی بیماری ہے صرف نام نیا ہے۔ یہ کسی بھی عمر میں لگ سکتی ہے۔ جونہی آدمی کے حالات تھوڑے سے بہتر ہوجائیں وہ پاشہونے لگتا ہے۔ جو کل تک ''میں کیا ہوں ، میں تو کچھ نہیں ہوں'' کہہ کر رب کے آگے رونا روتا تھا، تھوڑا سا پاش ہوتے ہی ''میں کچھ تو ہوں'' سوچنے لگتا ہے۔ حالات تھوڑے سے اور سدھر جائیں تو ''میں بھی کچھ ہوں'' کے دائرے میں داخل ہوجاتا ہے۔ جب مزید ترقی ہونے لگے ، ٹو ویلر کی جگہ فور ویلر آجائے، تو ایک جست میں ''میں ہی سب کچھ ہوں'' کی منزل پر پہنچ جاتا ہے!

لوگ زندگی پوری پرانے شہر میں گزار کر جونہی نئے شہر کے کسی پاش علاقے میں مکان لینے کے قابل ہوجاتے ہیں اچانک انہیں پرانے شہر یعنی ''اولڈ سٹی'' سے الرجی ہوجاتی ہے۔ جس سڑک پر ان کی کار کو تکلیف ہو وہ سڑک اب ان کے قابل نہیں رہتی۔ گفتگو میں پرانے شہر کے لوگوں، گڑھوں، موریوں وغیرہ کا حقارت سے ذکر کر کے اپنے ماضی کے گڑھے بھرنے لگتے ہیں۔ جب تک خود بائیک پر ہوا کرتے، مچھر اور مکھیوں کی طرح اڑانیں مار مار کر کرتب دکھاتے اور موٹر والوں کو تنگ کرتے تھے لیکن اب خود کارنشین ہوجانے کے بعد سارے اسکوٹر اور بائیک والے ان کو جاہل اور گنوار نظر آتے ہیں۔ ان کی بیویاں بھی جو کل تک بائیک کے پیچھے دو دو تین تین بچوں کو سنبھال کر بیٹھتی تھیں، بازو سے تیز گزرنے والی کاروں کو کوستی تھیں۔ جوں ہی بچوں کی ریالوں یا ڈالروں کی آمدنی ہاتھ آنے لگتی ہے، خود کار چلانے لگی ہیں اور سامنے آنے والے سارے بائیک والوں کو کوستی ہیں۔

پاشیریا کی علامتیں (سمپٹمس) سوٹ اور ٹائی زیب تن کرنے کے بعد زیادہ نمایاں ہوتے ہیں۔ جب تک جناب منہ نہ کھولیں انتہائی مہذب اور تعلیم یافتہ نظر آئیں گے۔ ہر ایک سے بے تکلفی سے نہیں ملیں گے بلکہ احتیاط سے فاصلہ رکھتے ہوئے مصافحہ کریں گے اور سوٹ کی استری کا پورا پورا خیال رکھتے ہوئے گلے ملیں گے۔ ہاتھ دھونے کے لیے حمام جاتے اور آتے آئینے پر ایک بھر پور نظر بھی ڈال لیں گے کہ کہیں ٹائی گن تو نہیں کھا رہی ہے۔ فوٹو گرافر اگر آس پاس نظر آجائے تو ایسے پوز اختیار کریں گے جیسے ان کی تصویر کل کے اخبار میں سرِ ورق شائع ہونے والی ہو۔ کئی لوگ سعودی عرب آ کر پاش ہوجاتے ہیں اور توپ غوترہ پہننا شروع کردیتے ہیں جبکہ سعودی حضرات خود امریکہ یا یورپ جا کر پاش ہوجاتے ہیں اور توپ غوترہ یا برقع ایرپورٹ سے ہی نکال پھینکتے ہیں۔ سنا ہے امریکہ اُس وقت تک بادشاہ بننے کی اجازت نہیں دیتا جب تک شہزادے ٹائی سوٹ پہن کر پاش نہیں ہوجاتے۔

ہم نے تحقیق کی تو پتہ چلا کہ پاشیریا کے وائرس پہلے پہل امریکہ لندن سے آنے والے لے کر آئے۔ ان کے ابا جان اور دادا جان کی شادیاں تو پرانے شہر کے کویلو کے مکانوں میں آئسکریم یا چائے کی ضیافت پر منعقد ہوئی تھیں لیکن اب انہی کی اولادوں کو پاشیریا کی وجہ سے آئسکریم یا چائے سے زکام ہوجاتا ہے۔ لڑکی والوں سے کہتے ہیں'' جہیز میں کوئی چیز مت دیجیے بس دعوت پاش ہونی چاہیے''۔ یہ لوگ جہیز ہرگز نہیں مانگتے کیونکہ انہیں پتہ ہوتا ہے کہ لاکھوں کی پاش ضیافت کرنے والا جہیز بھی پاش ہی

دے گا اس لیے مانگنے کی ضرورت کیا ہے۔

کئی لوگوں کو شادی کے بعد پاشیریا ہو جاتا ہے۔ اگر سسر تگڑا مل جائے تو ان کے سارے ذوق ایک ایک کر کے پاش ہونے لگتے ہیں۔ مہدی حسن یا محمد رفیع کے گانے انہیں ''روتی صورت'' نظر آتے ہیں ان کی جگہ اب گاڑی میں مائیکل جیکسن اور شکیرا کی کیسٹیں چلتی ہیں۔ زبان پر انشاءاللہ ماشاءاللہ کی جگہ واؤ، گریٹ اور او مائی گاڈ چڑھ جاتا ہے۔ ہمارے ایک ایسے ہی دوست جن کے ساتھ ہم نے شاد کیفے میں کئی برس ایک چائے میں دو کر کے فلمی گانے سنتے ہوئے گزارے، شادی کے بعد غائب ہو گئے۔ کئی عرصے بعد جب ملے تو ہماری شکایت کے جواب میں کہنے لگے کہ ''یار، اِس علاقے میں نہ تو کوئی سلیقے کا کافی شاپ ہے نہ اسٹار بکس''۔

ہم نے کہا کہ بھائی جب پچاس روپے کی چائے اور سگریٹ میں شاندار وقت گزر سکتا ہے تو پانچ سو روپے برباد کرنے کی کیا ضرورت ہے''۔ کہنے لگے ''یار، پیسہ اہم نہیں ہے۔ یہ دیکھنا اہم ہے کہ کس قسم کے افراد کے بیچ بیٹھ کر آپ چائے یا کافی پیتے ہیں۔ بڑے کافی ہاوس میں پی آر ڈیویلپ ہوتا ہے''۔ ہم نے کہا کہ ''گویا ہم دس روپے چائے کے ادا کریں اور نوے روپے ان پاش لوگوں کے ساتھ بیٹھنے کی فیس ادا کریں جن کو ہم جانتے تک نہیں۔ اُن افراد کے ساتھ بیٹھنے سے ہمیں بھلا فائدہ کیا ہوتا ہے؟ شاد کیفے میں بیٹھنے سے کم از کم یہ تو فائدہ ہوتا ہے کہ ایک ٹیبل پر ہمیں تازہ سیاسی خبریں مل جاتی ہیں تو دوسرے ٹیبل پر نئی فلموں پر تبصرے یا محلّے والوں کے معاشقوں، طلاقوں اور منگنیوں سے آگاہی ہو جاتی ہے۔ یہ سب معلومات بھلا اسٹار بکس میں کیسے مل سکتی ہیں؟ ہاں ایسی جگہ عورتوں کو ضرور یہ فائدہ ہوتا ہے کہ ہر ٹیبل پر اُنہیں نئے فیشن کے زیور، لباس اور میک اپ اسٹائیل دیکھنے کا موقع مل جاتا ہے''۔ یہ سن کر کہنے لگے کہ ''یار اصل راز کی بات بتاتا ہوں۔ لوگ دس روپے کی چائے جہاں پیتے ہیں وہاں صرف سڑک سے گزرنے والے میلے کچیلے برقعے یا وجینتی مالا اور وحیدہ رحمان جیسی پرانی شکلیں دیکھنے کو ملتی ہیں۔ لیکن یہاں پانچ سو روپے میں ایک سے اعلیٰ ایک پاش گلبدن کو دیکھنے کا موقع ملتا ہے۔ اس لیے لوگ شوقِ دیدار میں سو کی جگہ پانچ سو بھی خرچ کر ڈالتے ہیں۔ یہاں پی آر وی آر کچھ نہیں ہوتا سوائے نئے نئے بوائے فرینڈ اور گرل فرینڈز بنانے کے۔ جب تمہاری جیب میں پیسہ ہوگا تب پاش ہونے کا شعور خود بخود تمہیں آ جائے گا۔ ابھی تو تم وہی پانچ روپے کی چائے پی کر خوش رہو، دل چھوٹا نہ کرو، اللہ ہر ایک کے دن بدلتا ہے۔''

ایک دوسرے دوست ایسے ہیں جو کل تک اخبار نشیمن پڑھ کر مجلس کے جلسوں میں نعرہ تکبیر لگایا کرتے تھے۔ اب ایک نیشنل پارٹی کے اقلیتی سیل میں فِٹ ہو گئے ہیں۔ قومی سطح پر پاش ہو جانے کا یہ قومی طریقہ ہے جس کو ہر وہ شخص اپنا رہا ہے جو کل تک سمجھدار لگتا تھا۔ دوسری قومیں تو دریا میں ہر طرف تیر رہی ہیں لیکن مسلمانوں کو اقلیتی سیل یعنی Minority cell نامی کنوئیں میں مینڈکوں کی طرح چھوڑ دیا گیا ہے تاکہ وہیں ایک دوسرے کے ساتھ گتھم گتھا رہیں۔ لوگوں کو پاش ہو کر انگریزی بولتے تو کئی بار سنا لیکن ہمارے یہ دوست کہنے لگے کہ '' دیش کی اِستتھی بہت خراب ہے پریورتن لانا ضروری ہے''۔ ہم انہیں حیرت سے تکنے لگے۔ وہ سمجھ گئے اور ہماری حیرت کو رفع کرتے ہوئے فرمانے لگے کہ '' بھائی اگر روم میں رہنا ہو رومن سیکھنا لازمی ہے۔ اب ہم جن نیتاؤں کے درمیان اٹھتے بیٹھتے ہیں اس کی وجہ سے ہماری زبان پر ہندی نہیں تو کیا اردو آئے گی؟ یوں بھی اب اردو پڑھنے کا رواج کہاں رہا سوائے آپ کی طرح کے پرانے لوگوں کے؟''

پاشیریا کے جراثیم مردوں سے زیادہ عورتوں میں تیزی سے پھیلتے ہیں۔ مرد حضرات تو ایک دوسرے کو گھر، لباس یا کار کو دیکھ کر کون کتنا پاش ہے اِس کا اندازہ لگالیتے ہیں لیکن عورتوں کا انداز مختلف ہوتا ہے۔ جب وہ کسی سے پوچھتی ہیں کہ ''اللہ، یہ میک اپ کون سے پارلر میں کروایا ہے''۔ اِس کا مطلب یہ نہیں ہوتا کہ وہ پارلر کا پتہ پوچھ رہی ہیں، بلکہ اِس سے یہ پتہ چل جاتا

ہے کہ سامنے والی کا بیوٹی پارلر سستا والا ہے یا مہنگا والا۔ یہ پاشیریا کی ڈگری چیک کرنے کا ایک پیمانہ ہے۔ اس لیے اکثر عورتیں جاتی تو ہیں اولڈ سٹی کے پارلر کو لیکن پتہ دیتی ہیں کسی بنجارہ ہلز کے بیوٹی پارلر کا۔ اسی طرح عورتوں نے اب سونے کی نکلس یا چاندی کی پازیب بھی چھوڑ دی ہے کیونکہ اب پاش عورتیں سونا نہیں صرف ایک ڈائمنڈ پہنتی ہیں۔ اس سے فائدہ یہ ہوتا ہے کہ لوگوں کو پتہ ہی نہیں چلتا کہ یہ کسی Imitation Shop کا ہے یا الوکاس شوروم کا۔

پاش ہونے کا شوق نئی نسل میں سب سے زیادہ سرایت کر گیا ہے۔ جس کی پہلی Symptom یہ ہوتی ہے کہ بلا جھجک یہ کہتے ہیں۔

''سوری انکل مجھے اردو نہیں آتی۔''

پہلے اِن کے ابا محفل میں اِس جواب پر شرمندہ ہوتے تھے لیکن اب وہ بھی فخر سے کہتے ہیں جی میرے بیٹے امریکہ اور آسٹریلیا میں رہتے ہیں وہ اردو بھول گئے ہیں۔۔

☆......○......☆

ڈاکٹر محمد اسد اللہ
۳۰۔ گلستان کالونی
جعفر نگر، ناگپور

باقی سب خیریت ہے

کیا زمانہ تھا، لوگ سفر پر جاتے، برسوں مفقود الخبر رہتے، کوئی پرسانِ حال نہ تھا۔ اب ٹرین میں چڑھتے ہی سامان ٹھکانے لگے نہ لگے، گھر والوں کو یہ بتانا ضروری ہے کہ آپ اپنے ٹھکانے پہنچ گئے ہیں، یہ ایسا ہی ہے جیسے ماہِ رمضان میں مسجد سے اعلان ہو جانے کے بعد فوراً افطاری کرنا۔ ان دنوں ہر ایک کے منہ میں زبان اور جیب میں موبائیل ہے۔ اس لیے بات کرنا لازمی ہے لیکن بات کرنے جیسی کوئی بات تو ہو۔ بیمار پرسی کے لئے کم از کم ایک عدد مریض درکار ہے۔ خیریت دریافت کرنے کے لئے ناسازگارِ حالات کا وجود بھی ضروری ہے۔

ذرا سوچئے دنیا کے حالات اگر واقعی سازگار ہوتے تو کس قدر مشکل پیش آتی کہ آخر کس کی خیریت دریافت کریں اور کیوں؟ (یہ بھی کوئی پوچھنے کی بات ہے کہ آپ کیسے ہیں، بخیر تو ہیں؟)، کوئی موضوع ہی نہیں، کیا بات کریں؟ اسی لئے اب ملک کے حالات مفادِ عامہ کی خاطر، عمداً بگاڑ دیے گئے ہیں تاکہ لوگ ایک دوسرے کی خیریت پوچھتے رہیں، کیونکہ 'یہ شئے لطیف' ان دنوں پل پل دگرگوں ہوتی رہتی ہے۔

اس دن اپنی منزلِ مقصود پر پہنچ کر میں نے خدا کا شکر ادا کیا۔ الہٰ دین کی طرح جیب سے اپنا چراغ یعنی اسمارٹ فون نکالا۔ جدید چراغ رگڑنے کا متحمل نہیں ہو سکتا اس لئے اسے انگلی سے دھیرے دھیرے سہلانا شروع کیا۔ اسکرین پر جناتی روشنی کے نمودار ہوتے ہی، حکم دیا کہ ہزار کوس پر بیٹھی ہماری بیگم سے، جسے شب و روز ہماری خیریت نیک مطلوب ہے، رابطہ قائم کیا جائے، تاکہ اسے ہمارے دہلی بعافیت پہنچنے کی اطلاع دی جا سکے۔ اس جناتی آلے نے ٹکا سا جواب دیا: 'آپ نیٹ ورک کی خرابی کے سبب بات نہیں کر سکتے البتہ کوئی میسیج بھیجا جا سکتا ہے۔'

تب اس موبائیل فون کو دیکھ کر دلی ہی کے ایک شاعر کا مصرع زبان پر آ گیا۔ 'بات کرنی مجھے مشکل کبھی ایسی تو نہ تھی'۔

مجھے بے اختیار مہا بھارت اور جنگِ عظیم (اول و دوم) سے لے کر آزادی کی لڑائی میں شریک ہونے والے وہ تمام بدنصیب سپاہی یاد آئے جو بے وقت یعنی انٹرنیٹ اور موبائیل کے فقدان کے زمانے میں، اپنے وطنِ عزیز پر نچھاور ہوئے۔ وہ اپنی پل پل کی خبر گھر والوں کو کیا دیتے، ان میں سے بیشتر کی سرفروشی کی اطلاع بھی وقت پر ان کے پیاروں تک نہ پہنچ پائی۔ بے چارے اپنے جنگی کارناموں کی تصاویر بھی سوشل میڈیا پر پیش کرنے سے قاصر رہے۔ آج ترسیل و ابلاغ کے اس سنہرے دور میں عام آدمی کا حال یہ ہے کہ وہ دن بھر گھر میں بیٹھا، مکھیاں مارنے کی اپنی کارگزاری بھی، سیلفی لے کر، واٹس ایپ پر پہلی فرصت میں وائیرل کرتا ہے۔ بہر حال میں نے بیگم کے نام میسیج لکھا: 'خدا کا شکر ہے پہنچ گیا ہوں، اب دلّی دور نہیں۔ یہاں نیٹ ورک ٹھیک نہیں، باقی سب خیرت ہے۔'

'یہاں نیٹ ورک ٹھیک نہیں، باقی سب خیرت ہے۔' ٹیلیویژن اشتہار کے کسی سلوگن کی طرح یہ جملہ ذہن کے اسکرین پر ابھر ابھر کر ٹھمکنے لگا۔ خیال آیا کہ اس نئے شہر کا کیا ذکر، پورے ملک کا یہی حال ہے۔ حالاتِ حاضرہ پر نظر ڈالی تو ہر شخص کو چست اور ہر چیز کو درست پایا۔ ہر طرف اس بیان کی تصدیق کرنے والے مناظر موجود تھے۔ کیا دیکھتا ہوں!

ملک میں دولت کی فراوانی ہے ، ہر طرف علم کا دور دورہ ہے۔خوشحالی پھوٹی پڑ رہی ہے۔صاحبِ اقتدار ، ملازمین ، تاجر پیشہ، کسان مزدور، شاداں وفرحاں ترقی کی شاہراہ پر کشاں کشاں آگے بڑھتے چلے جارہے ہیں۔امن وامان کا یہ عالم ہے، ایک خاتون، حسین ، ماہ جبین، حسبِ منشا ،بس ،ٹرین ، جہاز میں سوار ہو کر کنیا کماری سے سری نگر تک چلی جائے ،کوئی آنکھ اٹھا کر دیکھنے والا نہیں (سب اپنے اپنے موبائیل کے اسکرین پر آنکھیں گڑائے بیٹھے ہیں) ۔ اخبار، ریڈیو اور ٹی وی کے رپورٹر بے چارے رات دن ،ٹامک ٹوئیاں مارتے ہیں ، سیاسی ، سماجی ، معاشی ہر قسم کی خبریں ندارد۔ آہِ سحر گاہی کے سوا کچھ ہاتھ نہیں آتا۔ تنگ آکر بابری مسجد، تین طلاق ،دیش بھگتی اور آتنگ واد جیسے خالص تہذیبی موضوعات پر علمی مباحثے منعقد کروا کر اپنا کام چلاتے ہیں۔

جاندار تو جاندار ہمارے ملک میں بے جان چیزیں بھی زبردست آسودگی کا شکار ہیں۔ جہاز ہوا میں اونچے اونچے اڑتے ہیں ۔راستوں پر بسیں کاریں اور لاریاں خرگوشوں کی طرح پھدکتی ہوئی چلتی ہیں ۔(بعض بدخواہ، اس کا سبب راستوں کا اوبڑ کھابڑ ہونا بتاتے ہیں جو سراسر غلط ہے ۔آخر سواریوں کی اپنی ترنگ بھی کوئی چیز ہے) ریلیں پٹریوں پر چلتے چلتے مارے خوشی کے تھرکنے لگتی ہیں اور عالمِ بے خودی میں کبھی پٹری سے نیچے بھی اتر آتی ہیں ۔اس اظہارِ سرخوشی میں درجن دو درجن مسافر بلا ٹکٹ، راہیِ ملک عدم ہو جائیں تو کیا حرج ہے ۔ دیکھا ہے جو ہم نے وہ اوروں کو نظر نہ آئے ،تو ان کی نظروں کا قصور ہے ۔اگر وہ اپنی خیریت چاہتے ہیں تو ایسی نظر پیدا کریں جو انھیں ہر طرف ہرے بھرے مناظر دکھائے ،اسی کا نام فیل گڈ ہے ۔جمہوری ممالک میں اقلیتوں کو جینے کا حق سہی، رائے اکثریت ہی کی برحق سمجھی جاتی ہے ۔ جب سب کو ہر طرف سہانے مناظر دکھائی دینے لگیں تو آپ سے، کس نمی پرسد کہ بھیا کون ہو؟

اقبالؔ ہمارا پسندیدہ شاعر ہے۔ اس کے کم از کم ایک مصرعے کو سبھی نے اپنی گرہ میں باندھ رکھا ہے ۔(تاحال یہ گرہ ڈھیلی نہیں ہوئی ہے)۔مصرع کیا ہے ایک آفاقی سچائی ہے، 'سارے جہاں سے اچھا ہندوستاں ہمارا'۔اس کی صداقت کا اس سے بڑا ثبوت اور کیا ہوگا کہ کسی ملک نے آج تک اس پر اپنا اعتراض یا احتجاج درج نہیں کروایا۔آپ یہ بھی نہیں کہہ سکتے کہ اردو ہے جس کا نام ہمی جانتے ہیں ،دیگر ممالک کو کیا پتہ اقبالؔ کیا کہہ گئے !آج ساری دنیا میں اردو مشاعروں کی دھوم ہے۔اقبال کے شعر نے ہمارے اس یقین کو پختہ کر دیا کہ بھارت مہان ہے ۔اس کے باوجود اگر کوئی ہمارے چاند جیسے ملک میں داغ دکھانے کی کوشش کرے تو ہمیں اپنی صفائی پیش کرنی چاہیے ۔ہمارے ہاں صفائی کی کوئی کمی نہیں، پورے ملک میں مہم جاری ہے ۔خود ہمیں بھی مثبت نکتہ نظر سے کام لینا چاہئے ۔

ہمارے ملک کی نام نہاد خرابیاں بڑھا چڑھا کر بیان کرنے والوں کی خدمت میں عرض ہے ، یہاں نیٹ ورک ٹھیک نہیں باقی سب خیریت ہے ۔جو لوگ غربت کو ہمارا سب سے بڑا عیب بتاتے ہیں انھیں جان لینا چاہئے کہ یہ کوئی معیوب چیز نہیں ۔کسی اسکول کے استاد نے اقبالؔ کے مشہور شعر۔

غربت میں ہوں اگر ہم رہتا ہے دل وطن میں
سمجھو وہیں ہمیں بھی ، دل ہو جہاں ہمارا

کی تشریح کرتے ہوئے یہی فرمایا تھا کہ اگر ہم غربت زدہ ہوں تو ہمارا دل اپنے وطن میں لگا رہتا ہے ۔ضرورت سے زیادہ دولت پاس ہو، یا دولت کمانے کی ہوس آدمی کو جکڑ لے ،تو آدمی بیرونی ممالک کا رخ کرتا ہے ، بلکہ ملک کے اندر رہ کر ضرورت سے زیادہ مال کمالے تو اس ہالیائی کمائی پر قانون کی گرفت سے بچنے کے لئے وہ ملک سے راہِ فرار اختیار کرتا ہے ۔دوم یہ کہ اقبالؔ ہی نے کہا تھا 'خودی نہ بیچ غریبی میں نام پیدا کر'، بچے ہمارے ملک میں سہل الحصول سہی، مگر دیدہ ور کی طرح نام بھی بڑی مشکل سے پیدا ہوتا ہے ۔اہلِ وطن برسوں سے غریبی میں نام پیدا کرنے کی کوشش کر رہے ہیں ۔

آزادی کے بعد ملک میں گاہے بگاہے ہونے والے فسادات ساری دنیا میں ہماری سبکی کرواتے ہیں مگر حقیقت یہ ہے کہ ان ہی کے سہارے ملک کی سیاست زندہ ہے اور بغیر سیاست کے بھلا ملک کہیں چلتا ہے ۔فرقہ وارانہ فسادات سرزمینِ وطن کو لالہ زار بنانے کی سوچی سمجھی کوشش نہیں بلکہ لہو گرم رکھنے کا ایک بہانا ہے۔ اسی لئے لہو کا بہتے رہنا ،مختلف فرقوں اور ذاتوں کے آپسی اتحاد کے لئے از حد ضروری ہے۔

اسی چارج شیٹ میں ایک الزام یہ بھی ہے بھارت میں جہالت زیادہ ہے ۔تہذیب کے اس مرکز میں جسے کبھی ایران و مصر وروما کے مٹ جانے کے باوجود اپنی بقا پر ناز تھا، آج یہاں جہالت و بدتہذیبی کی کمی نہیں ۔لوگوں میں جینے کا ڈھنگ نہیں، پان کھا کھا کر زمینِ وطن کو لالہ زار بنا دیتے ہیں، جو صاحبان پان نہیں کھاتے سرِ راہ تھوک کر یہ شوق پورا کر لیتے ہیں۔ اس موقع پر معترضین یہ بھول جاتے ہیں کہ یہ 'تھوکنا برائے تھوکنا' نہیں ، 'تھوکنا برائے اظہارِ خیال' ہے ۔ یہ تمام لوگ، دراصل اس نظام پر تھوکتے ہیں جس کی کوئی کل سیدھی نہیں ،وہ اس نظامِ تعلیم پر تھوکتے ہیں جو تعلیم یافتہ بے روزگار پیدا کرتا ہے ۔وہ اس سیاست پر تھوکتے ہیں جس میں بدعنوانیاں ،گھوٹالے،لوٹ کھسوٹ ،منافع خوری ،مکر وفریب وغیرہ وغیرہ پنپتے ہیں ۔ یہ ہماری عوام کی خیر پسندی اور برائیوں سے نفرت کا اظہار ہے اور اس حقیقت کا بھی مظہر ہے کہ ہمارے ملک میں اظہار کی مکمل آزادی ہے۔ برائیاں دنیا میں کہاں نہیں ہیں ،دوسرے ممالک میں چلے جایئے ۔ وہاں کے سماج نے ان خرابیوں کو دل سے تسلیم کرلیا ہے،کوئی ان پر تھوکتا تک نہیں ۔

اکثر لوگ یہ کہتے سنائی دیتے ہیں کہ بھارت میں رشوت ستانی کا دور دورہ ہے ۔ لینے والے کے لیے منفعت بخش اور دینے والے کے لیے کارگر،راحت بخش اور زود اثر رشوت خوری کا یہ عمل نہ صرف ایک عام رسم ہے بلکہ دفاتر کا دستور بھی ہے جس کے لین دین کا ہر جگہ موقع نکل آتا ہے ۔ رشوت ستانی کی اس رسم کو آپ انصاف کی نظر سے دیکھیں تو اس کے اجرا کرنے والے کی شان میں آپ کے منہ سے بے اختیار چند کلمات نکل آئیں گے۔ جہاں قانون جگہ جگہ اپنی ٹانگ اڑاتا ہے اور جس جگہ اس کی ٹانگ پہنچ نہیں پاتی وہاں معمولی معمولی کاموں کے لئے سرکاری کارندے،لوگوں کو ستانے کے نئے نئے بہانے ڈھونڈتے ہیں اور آپ کو ایسی بے بسی کی کیفیت میں مبتلا کر دیتے ہیں جہاں کوئی یار و مددگار نہ ہوتو وہاں رشوت ہی سے کام نکلتا ہے، بلکہ رشوت لیتے ہوئے پکڑے گئے تب بھی چھوٹنے کے لیے رشوت ہی دینی پڑتی ہے۔محسوس ہوتا ہے کہ اس ملک میں رشوت ایک نعمت سے کم نہیں ۔ ہمارے زمانے میں رشوت وہ پاس ورڈ ہے جو کھل جا سم سم کی طرح ہر دروازے پر کارگر ثابت ہوتا ہے۔ یہ پاس ورڈ ، ڈاکوؤں کے سردار یعنی' ڈاکوؤں کے بابائے قوم' نے دیا تھا، آخر کام تو علی بابا ہی کے آیا۔علی بابا یعنی عوام ۔آج عوام رشوت نامی پاس ورڈ کو اس فراوانی سے استعمال کر رہی ہے جس آسانی سے وہ اپنے ای میل اکاؤنٹ کا پاس ورڈ استعمال کرتی ہے۔کبھی کبھی علی بابا کے بھائی بند، قاسم کی طرح پکڑے بھی جاتے ہیں اور ان کے سر قلم بھی ہوتے ہیں مگر ڈاکوؤں کے سردار اور ان کی ٹولی آج بھی محفوظ ہے۔

ہمارے تعلیمی ادارے تنقید کے نشانے پر ہیں کہ ان میں دولت کی ریل پیل ہے۔ ایک مشہور مقولہ ہے :علم بڑی دولت ہے ۔ یہ بات اب تک محض خیالی پلاؤ تھی ۔ مدرسہ،مکتب اور دانش گاہوں میں اب تک دولت کے نام پر کچھ نہیں تھا۔(فی زمانہ علم کے نام پر بھی کچھ نہیں ہے)ہمارے زمانے نے دولت نامی' خیالی پلاؤ' کو صحیح معنوں میں 'حقیقی بریانی' میں تبدیل کر دیا ہے ۔اب وہاں علم بھلے ہی نظر نہ آئے ، تعلیمی اداروں میں دولت کو پانی کی طرح بہتے ہوئے آپ دیکھ سکتے ہیں ۔ یہ وہی حقیقی بریانی ہے جس میں جاندار علم کی بوٹیاں ہیں، تعلیمی قدروں کے مصالحہ جات پڑے ہیں، عقل کا دہی شامل ہے، اس میں تہذیب کے چاولوں کو ابال کر دم دیا گیا ہے۔

یہاں یہ سوال آپ کے ذہن رسا میں آ سکتا ہے کہ اگر تعلیم گاہوں میں صرف دولت ہے تو علم کہاں گیا؟ جواب یہ ہے کہ ہمارا ملک اب بھی علم کا گہوارہ ہے۔علم کی ساری ریل پیل اب ہماری ٹیوشن کلاسیس میں منتقل ہوگئی ہے۔جدید 'درونا چاریہ' اپنے شاگرد رشید، 'ماڈرن ایک لویہ' سے ٹیوشن فیس وصول کرتا ہے، تب اسے علم سے آراستہ کرتا ہے۔ سچ ہی تو ہے۔'درونا چاریہ' نے 'ایک لویہ' سے گرو دکشنا کے طور پر انگوٹھا مانگا تھا۔انگوٹھا جہالت کی علامت ہے، گویا استاد شاگرد سے اس کی جہالت لے کر اسے علم دیتا ہے۔چنانچہ علم اب ٹیوشن کلاس میں بکتا ہے، اکثر تعلیمی اداروں میں تو فقط جوتیوں میں دال بٹتی ہے۔

ان دنوں کسانوں کے بارے میں افواہیں گرم ہیں کہ ان میں خودکشی کا رجحان بڑھتا جارہا ہے۔گاہے بگاہے خبریں آتی رہتی ہیں۔حکومت نے انھیں ہر قسم کی سہولتیں دے رکھی ہیں۔ان کے کھیتوں میں ہر طرف ہریالی ہے۔ہر قسم کا عیش و آرام موجود ہے۔کسانوں نے پورے ملک کو اناج اور ہر قسم کے پھل کھلا کر ثوابِ دارین حاصل کر رکھا ہے۔جے جوان جے کسان کا نعرہ سن کر اپنا دل شاد کر چکے۔اب کون سا سکھ حاصل کرنا باقی رہ گیا یہ سوچ کر اگر چند کسان اس دنیا کو تیاگ کر چل دیے تو اسے بجائے خودکشی کے شادیِ مرگ کہنا چاہئے۔

ابھی ابھی تک ہمارے ملک میں خواتین کی پسماندگی کی شکایت عام تھی۔موجودہ زمانے میں نہ صرف شرح پیدائش بلکہ تعلیم کے معاملے میں بھی خواتین نے مردوں کو اس قدر پیچھے چھوڑ دیا ہے کہ اب 'تحریکِ مرداں' چلانے کی ضرورت ہے۔ لیڈیز فرسٹ کا نعرہ اب لیڈیز فاسٹ کے نعرے میں تبدیل ہو چکا ہے۔اس کے باوجود بعض لوگ ہمارے ملک کو بدنام کرنے کی خاطر یہ شور مچاتے ہیں کہ یہاں خواتین محفوظ نہیں۔

ہر سال ہزاروں دلہنیں جہیز کی لعنت کے سبب جلا کر مار ڈالی جاتی ہیں۔معاملے کی سنگینی سے قطع نظر کبھی آپ نے غور کیا کہ یہ رسمِ ستی کا احیا ہے۔ وہی رسمِ ستی جو بعض سماج سدھارکوں اور انگریزوں کی کوشش سے ختم کر دی گئی تھی اور جس کے بارے میں ہندی شاعر پردیپ نے کہا تھا:

اس مٹی سے تلک کرو یہ دھرتی ہے بلیدان کی
یہ ہے اپنا راجپوتانہ ناز اسے تلواروں پہ
کود پڑی تھیں یہاں ہزاروں پدمنیاں انگاروں پہ

قدیم زمانے میں اس ملک کی خواتین اپنے شوہر اور سسرال کی عزت و ناموس پر ستی ہوجایا کرتی تھیں۔موجودہ زمانے میں اپنے والدین اور مائیکے کی غربت پر اپنی ساسوں کے ہاتھوں نچھاور ہو جاتی ہیں۔خواتین کا ایسا زبردست کردار دنیا میں اور کہاں؟

شیکسپیئر نے کہا تھا: 'عاشق کا المیہ یہ ہے کہ اسے محبوبہ کے رخسار کے خوبصورت تل کے لئے محبوبہ کے پورے وجود کو برداشت کرنا پڑتا ہے۔'

اگر بالفرض محال ہمارے ملک میں چند خرابیاں ہیں بھی تو ان کی حیثیت بہرحال ایک تل جیسی ہیں۔کیا ہم اپنے محبوب وطن کے لئے اس تل کو برداشت نہیں کر سکتے (تل کا تاڑ بنانا کیا ضروری ہے)۔بس ایک تل ہی تو ہے، باقی تو سب خیریت ہے !

☆......○......☆

رؤف خوشتر
موظف پرنسپال گورنمنٹ
ڈگری کالج، بیجاپور

ہماری اِکلوتی تقریر

ہمارے ایک دوست ہیں کلیم عالم، وہ فرماتے ہیں:

''ہم بھی آپ کی طرح اپنی اکلوتی والدہ کی روزانہ کی تقریر سُن سُن کر ہی جواں ہوئے ہیں۔ والد صاحب جو ہوم منسٹری میں اعلیٰ عہدہ پر فائز تھے اور جن کے افسرانہ رُعب سے اِن کا جُملہ عملہ کانپتا تھا، مکان میں اپنے ہوم منسٹری کی زبانی یلغار سے وہ کانپتے تھے اور بقول اکبرالہٰ آبادی

اکبر دبے نہیں کسی سُلطاں کی فوج سے
لیکن شہید ہوگئے بیوی کی نوج سے

اِس 'نوج' پر ہمیں ایک پر لطف بات یاد آرہی ہے۔ ایک ادبی محفل میں ایک صاحب نے جب کہا کہ ''آرمی کو فوج نیوی کو موج اور ایرفورس کو اوج کہتے ہیں''۔ تو دوسرے صاحب نے پوچھا کہ مصیبت یہ ہے کہ وِمن آرمی بھی تو ہوتی ہے تو پھر اِس کو کیا کہا جائے؟ تیسرے صاحب نے برجستہ فرمایا کہ ''وِمن آرمی کو کہنا چاہیئے۔ نوج''۔ ہاں تو والد صاحب جب دیکھتے کہ ہماری نانی کی آمد کی وجہ سے والدہ کی تقریر طویل ہوتی جارہی ہے تو وہ فوراً اخبار کا سہارا لیتے یعنی اپنی ساس کو دیکھتے ہی ''جب توپ مقابل ہے تو اخبار نکالو'' پر عمل پیرا ہوتے۔ ہم اپنی شادی ہونے تلک اِسی شش وپنج میں مُبتلا رہے کہ آخر مرد ہوکر بھی ہمارے باپ چپ چاپ اپنی بیگم کی پیہم تقریر کیوں سُنتے ہیں؟ یہ ناقابل فہم عُقدہ، عقد کے بعد ہی کھلا۔ آپ اگر اپنے کان قریب لائیں تو ہم بتلائیں کہ اب ہم بھی اپنے کبھی والدِ محترم اب مرحوم کی طرح اپنی اکلوتی بیگم کی روزانہ کی تقریر چُپ چاپ سُنتے ہیں۔ حالانکہ ہماری شریکِ اب حیات ہی کہنا چاہیئے ہماری خالہ زاد ہے۔ ہم ایک دوسرے کو بچپن سے ہی جانتے پہچانتے ہیں صُغرا اور ہمارا رشتہ پہلے ہی طئے ہوا تھا۔ آسمان میں بھی اور زمین پر بھی کیوں کہ

سُنا یہ ہے بنا کرتے ہیں جوڑے آسمانوں پر
تو یہ سمجھیں کہ ہر بیوی بلائے آسمانی ہے؟

صغرا شادی سے پہلے کم گو اور اتنی شرمیلی تھی کہ

وہ دیکھتے ہیں مجھ کو دوپٹے کو تان کر
دیتے ہیں مُجھ کو شربتِ دیدار چھان کر

والی عادت کی مالکن تھی۔ اب ہماری مالکن بنی بیٹھی ہے۔ کتنے اچھے دِن تھے وہ کہ اُس وقت ہم کہتے تھے اور وہ چُپ چاپ سُنتی تھی اِس لئے کہ تب وہ ایک طرح سے محبوبہ تھی۔ اب وہ کہتی ہے اور ہم سُنتے رہتے ہیں اِس لئے کہ اب وہ منکوحہ ہے۔ شادی سے پہلے وہ صِرف صُغرا تھی اب قیامت صُغرا بنی ہوئی ہے۔ اور ہم ''ایک گونہ بے ہوشی مجھے دِن رات چاہیئے''۔ کہتے ہوئے بھیگی بلی بننے میں ہی اپنی عافیت سمجھتے ہیں۔۔

ہم اب تک ایک صابر اور شریف سامع (شوہر جو ٹھہرے) کی طرح صِرف دوسروں کی تقریریں سُنتے اور ''مَیں نے یہ جانا کہ گویا یہ بھی میرے دِل میں ہے'' کہتے رہتے۔ کیوں کہ ''خموشیوں سے تو دِل اور دماغ کھلتے ہیں'' کے ہم قائل تھے لیکن ہمیں کیا پتہ تھا کہ ایک دن ہم پھنس جائیں گے۔ وہ عیسائی بھائیوں کے لئے گڈ فرائے ڈے تھا لیکن ہمارے لئے تو وہ اُلٹا ہی ثابت ہوا جب ہم تعطیل کے دن گھوڑے بیچ کر سونا چاہتے تھے کہ صبح ہی صبح دروازہ پر دستک ہوئی اور ہم ''یہ کون آگیا ہے اندھیرے اندھیرے'' کہتے ہوئے دروازہ کھولا تو دس اشخاص

اسرائیلیوں کی طرح دندناتے ہوئے داخل ہوئے۔ جو سب سے بڑی اور آرام دہ کرسی پر قبضہ جمایا تو ہم سمجھ گئے کہ یہ اِس تا گہانی ٹیم کا کپتان ہے۔ وہ صاحب کہنے لگے ''مَیں وظیفہ یاب پولیس انسپکٹر ہوں باوا بھی پولیس میں تھے۔ دو پشت سے ہے پیشۂ آبا سپاہ گری اور اب انجمنِ رفاہ عام کا صدر ہوں اور یہ تمام ریٹائیرڈ پولیس کانسٹیبل اِس انجمن کے اراکین ہیں۔ مُبارک ہو اِس کو آپ اپنی خوش قسمتی سمجھیے کہ اس بار قُرعۂ اندازی میں آپ کا نام نکل آیا ہے۔ اس میں ہم کیا کر سکتے ہیں سوائے اِس کے کہ آپ ہمارے سالانہ جلسہ میں مہمانِ خصوصی ہوں گے اور آپ کو اِصلاحِ معاشرہ پر زوردار گرج دار تقریر کرنی ہے جس سے ہماری سوئی ہوئی قوم جاگ جائے۔ یہ سنتے ہی ہم اپنے بچوں نواسوں پوتوں کا ذرا برابر بھی خیال نہ کرتے ہوئے مہمانانِ بالجبر کو بہترین بسکیٹ کھلاتے ہوئے معذرت چاہی کہ یہ حقیر فقیر اور والدِ اولادِ کثیر اب تک بیگم اور سارے عالم کا ہی سنتا آیا ہے۔ مَیں کلیم عالم تو چھوڑ یئے کلیم بالم بھی نہیں ہوں۔

لہٰذا آپ مجھے معاف رکھیں۔ اس پر صدر انجمن ساتھیوں کی موجودگی کو غیر حاضر تصور کرتے ہوئے طشتری میں سجائے سارے بسکیٹ اپنے منہ میں ٹھونس لئے اور یوں پلیٹ سے اچھی جگہ پیٹ ہے کے فائیدہ مند فلسفہ کو عملی جامہ پہناتے ہوئے ثابت کیا کہ محکمۂ پولیس سے وظیفہ حسنِ خدمت (اصل میں لاخدمت) سے سبکدوش ہوئے تو کیا ہوا کھانے اور ہضم کرنے کے معاملہ میں ہم اب بھی انسپکٹر ہی ہیں۔ صدرِ خوش خوراک نے گلاس بھر پانی نہیں چائے طلب کی ہم نے پوچھا'' چائے میں کتنی چمچ شکر چاہیے؟'' کہنے لگے'' اپنے گھر میں مَیں ایک چمچ چینی لیتا ہوں۔ دوسروں کے گھروں میں پانچ چمچ شکر کا مطالبہ کرتا ہوں؟'' ہم نے کہا'' پھر تو اس کو اپنا ہی گھر سمجھئے''۔ شکر کی بات چلی تو شکر سے ہی متعلق ایک واقعہ سُنتے جایئے ۔ مرزا کی پوتی آئی اور ہماری بہو سے کہنے لگی'' انٹی جی ممی آپ کو سلام کہتی اور ایک کپ شکر دینے کے لئے کہتی ہیں۔ ہماری بہو نے اُس بچی کا بوسہ لیتے ہوئے پوچھا اچھا آپ کی ممی اور کیا کہہ رہی تھی۔ بچّی کا جواب سنئے'' اگر وہ کمینی چینی نہیں دیتی تو دوسرے مکان والی انٹی سے ضرور شکر لانا''۔ بالجبر چھ چمچ شکر لی اور پورا گلاس چائے پی کر حسبِ عادت ڈکار لے کر کہنے لگے'' ہم دیکھتے ہیں کہ کم بخت کم نظر محلّہ کا ڈاکیہ روز ہمارے دانش کدے میں نہیں بلکہ آپ کے اولاد کدے میں ہی کتابیں ڈال جاتا ہے ۔ کبھی تو اپنی بیگم اور بچوں کو سُلا کر اِن کتابوں کے اوراق پلٹائے ہوں گے اور اِس سے آپ کی معلومات میں اضافہ بھی ہوا ہوگا۔ اب ان معلومات کو فیضِ عام میں بدلنا ہے۔ ہم یہاں اب آپ کی کچھ نہیں سُنتے جو کچھ آپ کو سُنانا ہے وہ جلسہ گاہ میں سامعین کے سامنے سُنانا ہوگا۔ آپ کی لڑکیوں کی بات جہاں چل رہی ہے وہ میرے رشتہ دار ہیں اور میرے مشورے کے بغیر کوئی کام نہیں کرتے۔ سمجھ دار کو اشارہ کافی، چائے تھوڑی اور دیجئے'' ہم دیکھ رہے تھے کہ اِس اِنسپکٹری وفد میں ہمارا وہ پڑوسی بھی شامل ہے جس کے ساتھ آئے دن کسی نہ کسی مسلۂ پر جھڑپ ہوتے رہتی ہے اور اس کا روز کا معمول کچھ اِس طرح کا ہے۔

صبح آجاتے ہیں وہ سر کھانے
میرا بھیجہ اِنہیں نہاری ہے

اب جان گئے کہ یہ سرتا پا شرارتی پڑوسی ہمیں شرمندہ کرنے کے لئے مائیک کے سامنے کر کے ہماری جگ نہیں'' جلسۂ ہنسائی'' کرنا چاہتا ہے۔ اب گیدڑ کی نہیں ہماری شامت آئی کہ ہم کو شہر کے سامعین کے قہر کا رُخ کرنا پڑ رہا ہے۔ بالآخر ہمیں خطابِ عام کے لئے تیار کیا گیا۔ اپنی اکلوتی شادی کا اِکلوتا سوٹ جو پُرانی ٹرنک کے سب سے نچلے حصہ میں سڑا پڑا تھا۔ نکالا تو ہڑ بڑا کر کئی جھینگر اپنے قرار مکیں سے فرار زمیں ہوگئے ۔ سوٹ لانڈری کو دینے کے لئے محلّہ کے دھوبی کے پاس پہنچے۔ وہ جھٹ ناک پر رومال رکھ لیا اور لینے سے ہچکچایا۔ ہم نے اُسے ڈانتے ہوئے یاد دلا کہ'' پچھلے پچیس سالوں سے ہم کپڑے تیرے پاس وہ بھی پیسے دے کر ہی دُھلواتے ہیں اور تم نے اس طویل سلور جوبلی مدت

میں غلطی سے بھی ایک زیادہ پتلون یا قمیص عنایت نہیں کی ہے اور ہم چُپ چاپ اپنے ہی کپڑے لیتے تن بہ تقدیر اور تن بہ شانہ پہنتے رہے۔ اِس شرافت کا کچھ تو صِلہ ملنا چاہئے'' بڑی مشکل سے وہ سوٹ لیا اور چار سو کا بل دیا۔ دیتا کیا نہ کرتا ہم نے اُسے پورے چار سو روپے دیئے تو پل بھر کے لئے ہمیں چار سُو اندھیرا نظر آیا۔

بالآخر انجام کار وہ سُہانی یا مستانی نہیں بلکہ طوفانی شام آ ہی گئی جس شام ہمیں خطابِ عام کرنا تھا۔ اس سے پہلے والی رات کو دعا مانگی تھی کہ'' ائے بارش برسانے والے اتنی زور کی بارش برسا کہ جلسہ اور بلا ٹل جائے''، لیکن محکمۂ موسمیات کی ہمیشہ کی غلط پیشین گوئی کی طرح بارش نہیں ہوئی۔ بیگم نے اپنی طرف سے ایک اور اپنی امّاں کی طرف سے ہمارے دونوں ہاتھوں میں امام ضامن باندھتے ہوئے تسلّی دی کہ''خوب آزادی سے اور بے خوف ہو کہ تقریر کرنا اس لئے کہ مَیں اور امّی گھر میں پُرانی فلم مَیں چپ رہوں گی' دیکھ رہے ہیں۔ ہمارے نہ رہنے سے آپ کو بولنے میں کوئی دِقت نہ ہوگی ۔ جاؤ سرتاج جلسہ لُوٹ کے لوٹ آنا۔ جلسہ سے واپسی کے بعد رات میں آپ کے ساتھ فلم چور مچائے شور دیکھیں گے۔

مقامی کالج کے وسیع میدان میں کُرسیاں بچھی ہوئی تھیں ایک طرف مرد حضرات اور کالج کے طلباء تشریف فرما تھے تو دوسری طرف خواتین اور کالج کی طالبات جلوہ افروز تھیں۔ گویا ہم بھی ہیں تم بھی ہو دونوں ہیں آمنے سامنے والا گرمجوشی کا کھلکھلاتا ہوا رنگین ماحول تھا جو ہمیں بے حد سنگین لگ رہا تھا۔ پہلی بار خطاب کے لئے ہم اُٹھ کھڑے ہوئے تو دِل بیٹھا جا رہا تھا۔ اور ہم کانپ رہے تھے۔ اتنے میں سامعین میں سے آواز آئی'' گرمی کے دِن ہیں اور یہ جناب ہیں کہ تھر تھر کانپ رہے ہیں اور لڑکھڑا بھی رہے ہیں کہیں چڑھا کر تو نہیں آئے؟

خطابت سے پہلے ہم ذرا لڑکھڑائے زنانہ نے سمجھا کہ پی کے آئے ۔ پسینہ پونچھتے ہوئے خطاب شروع کیا'' حضرات و خواتین ۔ ارے نہیں غلطی ہوگئی۔ پہلے خواتین پھر حضرات۔ پھر یاد سے پہلے طالبات اور پھر طلبہ میرا مطلب ہے طُلبہ ۔ ناظمِ جلسہ نے خواہ مخواہ ہی میری اتنی تعریف کی جب کہ مَیں اس قابل ہوں ہی نہیں'۔ ایک آواز آئی '' اگر اس قابل نہیں ہیں تو پھر بھیجا کھانے کے لئے کیوں آئے ہیں' اس فقرہ پر کالج کے طلباء زور زور سے ہنسنے لگے ایسے میں ہمیں چھینک آئی جس کے نتیجہ میں ہماری نقلی بتیسی منہ سے نکل کر گر پڑی۔ اُس کو تلاش کرنے کے لئے ہم جُھک کر ادھ اُدھر دیکھنے لگے۔ اس پر سامعین میں ہنسی کی لہر دوڑ گئی۔ اور پھر سے گویا ہوئے اب علمی ادبی تدریسی و تحقیقی میدان کا حال احوال ہی دیکھ لیجئے اب کُتب خانے چائے خانے میں بدل گئے لوگ محنت سے نہیں دولت سے پی ۔ ایچ ۔ ڈی کی ڈگریاں حاصل کر رہے ہیں۔ بہ شعر شاعر

وہ کتابیں چھوڑ کر حُقہ کشی کرنے لگا
اور پھر لوگوں نے دیکھا وہ مُحقق ہوگیا

اب اہلِ علم و اہلِ قلم کہاں ہیں۔

پہلے لکھنے کے کام آتے تھے
اب کمر بند ڈالتے ہیں قلم

اتنے میں ایک بھاری بھرکم صاحب اُٹھ کھڑے ہوگئے اور طیش بھرے لہجے میں کہنے لگے'' گویا آپ کے کہنے کا یہ مطلب ہے کہ ہم لوگوں نے جو کالجس اور یونیورسٹیوں میں پڑھاتے ہیں کیا تحقیق کو اپنا اوڑھنا بچھونا نہیں کھلونا بنا لیا ہے؟ اور اتنے سہل پسند واقع ہوئے ہیں کہ دس کتابوں کو پڑھ کر اُس سے خوشہ چینی کرتے ہوئے گیارہویں کتاب منظرِ عام پر لاتے ہیں؟ آپ فوراً اپنے اس غیر ذمہ دار تبصرہ سے دست برداری کا اعلان کر دیجئے ۔ ورنہ مَیں اپنے زیر نگرانی پی۔ ایچ۔ ڈی۔ کرنے والے ہٹے کٹے ریسرچ اسکالروں کو آپ کے پیچھے ہی نہیں دائیں بائیں لگا دوں گا، جو میرے بہت وفادار ہیں وہ میرے گھر کا سارا کام اور پانی بھرتے ہیں تو پھر ان کو آپ کو پانی پلانے میں کون سی دِقت ہوگی۔ آئندہ آپ تقریر کرنے میں احتیاط برتیں، بلکہ میرے پاس چلے آیئے گا۔ مَیں یو۔ جی۔ سی۔ معاوضہ پر آپ کو

فنِ تقریر گوئی کے کامیاب گُر سکھاؤں گا۔ کتنے ہی قائد اور منسٹر مجھ سے لچھے دار پُرفریب اور حسین وعدوں والی تقریر کرنے کا فن سیکھ کر عوام کو بے وقوف بنانے میں ماہر ہوگئے ہیں''۔ پھر موضوع کو بدلتے ہوئے تقریر جاری رکھی۔'' عام طور پر سمجھا جاتا ہے کہ عورتوں پر مرد ہی مظالم ڈھاتے ہیں۔ جب کہ حقیقت کچھ اور ہی ہے۔ میَں اپنے محلّہ کی ایک قابلِ رحم خاتون کو جانتا ہوں۔ جو ہمیشہ علیل اور پریشان رہتی تھیں۔ اِن کی ساس کے اچانک انتقال کے بعد وہ محترمہ حیرت وسُرعت انگیز طور پر صحت یاب ہوگئیں۔ اور اب وہ صحت مندانہ خوش حال پُر آس ولا ساس زندگی بسر کر رہی ہیں۔ یقیناً اِن کی خوشحالی کا مہکتا سہرا مرحوم ساس کے سر میرا مطلب ہے اب قبر پر جاتا ہے اور وفادار شُکر گذار بہو اپنے شوہر کے دیئے ہوئے 'صرفِ خاص' کی رقم کا کثیر حصّہ 'صرفِ ساس' کے لئے یوں مختص کر رہی ہیں کہ اپنے بھائیوں کو پچھلے دروازے سے بُلا کر چُپکے سے وہ خطیر رقم دیتی ہیں اور وہ احسان مند بھائی ہر ماہ کے پہلے جمعہ کو پھولوں کی ایک شاندار چادر مرحومہ کی قبر پر اظہارِ تشکر کے طور پر چڑھاتے ہیں کہ وہ ٹھیک وقت پر مر کر ان کی بہن کو صحت مند زندگی اور حیات عطا کر گئی۔ ان کو کروٹ کروٹ جنت ملے کہ ہماری بہن کو کروٹ کروٹ راحت مِل رہی ہے پھولوں کی چادر کی جمعگی پابندی سے جاری ہے''۔ میرا اتنا کہنا تھا کہ ایک بُزرگ خاتون جو اپنے رنگ سے زیادہ سُنہرا چشمہ پہنی ہوئی تھی ہم پر برس پڑی۔ آپ کیا مہمل بک رہے ہیں۔ آپ کے کہنے کے مطابق ساس اتنی ظالم ہوتی ہے کہ وہ اپنی بیٹی جیسی بہو پر ظلم وستم ڈھا کر اِن کو بیمار بناتی ہے؟ اجی ہم تو بڑے پیار اور چاؤ سے بہو کو اپنا بنانا چاہتے ہیں لیکن بہو رانی تو سدا اپنی اماں کے گُن گاتی اور ان سے ہی فون پر بات کرنے میں خود کو مصروف رکھتی ہیں اور ہماری کچھ قدر نہیں کرتی۔

ایک شعر بطور شکوہ بہو کے اور اس کی ماں کے لئے:

ان کا جو کام ہے وہ اہلِ بغاوت جانیں
میرا پیغامِ محبت تری ماں تک پہنچے

آپ فوراً اپنا یک طرفہ اور ظالمانہ جُملہ واپس لے لیجئے۔ ورنہ ہم لوگ ہڑتال کریں گی۔'' ہم نے گھبرا کر خالہ جان سے پوچھا'' آپ کون ہیں جو ساسوں کے لئے اپنی اُکھڑی اُکھڑی سانسوں کی پرواہ نہ کرتے ہوئے ان کی حمایت میں ضعیفی کی حالت میں بھی اُٹھ کھڑی ہوئی ہیں''؟ کہنے لگی ''میَں معصوم ساس اسوسی ایشن کی بے حد معصوم صدر ہوں''۔

ہم نے مائیک چھوڑ ہاتھ جوڑ ان سے معافی مانگی اور کہا ''واقعی ساس معصوم ہوتی ہے ساس کو خوش دامن صاحبہ کہا جاتا ہے ۔ہم بھی اپنی شفیق ومہربان ساس کے خوش دامن تلے اپنی خوشحال اور پُر امن زندگی گذار رہے ہیں۔ راز کی بات یہ ہے کہ ہماری معاش اِس لیے اچھی ہے کہ ہماری ساس اچھی ہے دراصل آج کل کی نوجوان خواتین بیوی بنتے ہی صرف ٹی۔ وی۔ موبائیل اور میک اپ میں ہی مصروف رہتی ہیں۔ صرف اپنے شوہر کی ساس کو ہی اپنے پاس رکھتی ہیں اور''۔۔۔۔ اتنا کہنا تھا کہ پچھلی صف میں بیٹھی ہوئی نوجوان خاتون اگلی صف میں آ کر زور زور سے کہنے لگی'' کیا مطلب ہے آپ کا کہ پُر امن بے ضرر اور اِطاعت گذار بہوئیں اتنی لا پروا اور غیر ذمہ دار ہوتی ہیں کہ وہ اپنی ماں خالہ پھوپھو، ممانی جیسی ساس کا خیال نہیں رکھتیں؟ اجی انوکھے داماد صاحب یہ ساس جو ساس کی ضد کہلاتی ہیں سارے جھگڑے فساد کی ہی اساس ہے۔ ہم تو ان کو بھی اپنے سر بھی آنکھوں میں سہولت اور میک اپ کا خیال رکھتے ہوئے بٹھانا چاہتی ہیں لیکن یہ چنگیز خان کی خالائیں ہمیں اپنے کھردرے بھدّے پاؤں کی پھٹی جوتی سمجھتی ہیں۔

آپ سوچ سمجھ کر یا پھر اپنی بیوی سے پوچھ کر ہی تقریر کریں۔ میَں مظلوم ومضروب بہو انجمن کی مظلوم صدر ہوں کیا سمجھے''

'' بہن جی ہم سب سمجھ گئے اور آئندہ ایسا نہیں کہیں گے'

ایک بار پھر تقریر کا موضوع بدل کر کہنے لگے۔

'' آج کل کی نوجوان نسل ٹی۔ وی۔ موبائیل انٹرنیٹ واٹس اپ چیٹنگ میں ہی مصروف ہے ان کو فضائیل موبائیل تو معلوم

ہے لیکن یہ فضائیل نیک اعمال سے لاعلم ہیں۔ اِس لئے والدین کو چاہیے کہ وہ اپنے نوجوان بچّوں کو موبائیل سے بالکل دور رکھیں اور سختی سے تاکید کریں وہ صِرف اپنی پڑھائی میں دِل لگائیں۔کسی اور جگہ دِل نہ لگائیں ورنہ''۔۔۔۔

اتنے میں ایک لیحم شیحم کسرتی جسم والا نوجوان غُراتا ہُوا کہنے لگا'' بڑے میاں ہوش و عقل ناخن کے کہیں سے اُدھار لیں اس لئے کہ یہ آپ کے پاس ہیں ہی نہیں ہم اپنے موبائیل اور انٹرنیٹ میں تعلیمی پروگرام بھی دیکھتے ہیں۔جس سے ہماری تعلیمی و جنرل معلومات میں کافی اضافہ ہوتا ہے۔آج کل کے اکثر اساتذہ کلاس روم میں نہیں مہنگے ٹیوشن روم میں ہی پڑھانا اپنی ڈیوٹی سمجھتے ہیں۔ لاچار ہوکر ہم کوموبائیل کا سہارا لینا پڑتا ہے۔ آپ کون ہوتے ہیں ہمیں موبائیل سے دُور کرنے والے۔اس سے پہلے ہم آپ کو ہی مائیک اور مقام سے دور کرتے ہیں۔ ساتھیو آگے بڑھو اور اس 'عجیب التقریر' والے شخص کی اچھی طرح سے خبر لو'' بس پھر کیا تھا سارے سارے طلبا اور طالبات ایک ساتھ اُٹھ کھڑے ہوگئے اور زور زور سے نعرہ لگانے لگے'' بے ہودہ تقریر بند کرو۔ ایسے غیر ذمہ دار شخص کو بُلانے والوں کی بھی ہم خبر لیں گے'' ہوشیار اور معاملہ فہم ناظمِ جلسہ فوراً ہم کو مائیک سے الگ کر کے اسٹیج کے پیچھے لے گئے اور ہمارے چہرے کو دہشت گرد یا خطرناک مجرم کے چہرے کی طرح کپڑے سے ڈھانپا گیا۔ پھر طوفان ٹیراکس میں سیٹ کے نیچے چھُپا کر ہمارے اوپر فرج کا بڑا خالی ڈبہ جس پر Handle with Care لکھا تھا رکھا گیا۔ اور طوفانی رفتار سے ہمیں گھر پہنچایا گیا۔ دستک دینے پر بیگم نقاب پوش کو دیکھ کر چیخ مار کر بے ہوش ہوگئی۔ ہم نے فوراً دروازہ اچھّی طرح سے بند کرلیا اور توبہ کرلی تھی کہ آئندہ کبھی تقریر نہیں کریں گے۔

تمام مرحلے صوت و بیاں کے ختم ہوئے
اب اُس کے بعد ہماری نوا ہے خاموشی

☆......○......☆

مسرور شاہجہانپوری

حکم کی تعمیل میں

ہزاروں سال نرگس اپنی بے نوری پہ جب روئی
ترس پھر کھا کے ہم پیدا ہوئے پینسٹھ برس پہلے
چمن میں دیدہ ور ہونا کوئی آسان تھا بھائی
بڑی مشکل سے ہم پیدا ہوئے پینسٹھ برس پہلے

یہ شعر لکھنے کی ضرورت یوں پیش آئی کہ ڈاکٹر مصطفیٰ کمال صاحب کا ایک روز فون آیا۔فرمایا کہ ۲۰۱۸ء کے سالنامے کے لیے فوراً کوئی تخلیق بھیجئے۔ساتھ ہی یہ بھی حکم ہوا کہ اپنی خودنوشت سوانح حیات اختصار کے ساتھ شامل کردیں تو بہتر ہوگا۔

ادھر اپنا حال یہ ہے کہ اتنے Short Notice پر سوائے دعوت ولیمہ میں شرکت کرنے کے کسی اور مصروفیت میں ہاتھ ڈالنے کو من نہیں کرتا۔یہی وہ مقام ہے جہاں بہانہ بنانا چاہئے۔ ایسے موقع پر اگر بنا بنایا بہانہ مل جائے تو کیا کہنے۔مصطفیٰ کمال صاحب سیدھے سادے آدمی ہیں کوئی پرانی رکھی ہوئی نظم یا غزل پوسٹ کردوں گا۔شاید کام چل جائے۔

رہ گئی سوانح حیات کو مختصر کرنے والی بات تو گذشتہ چالیس سال سے بیگم نے عرصۂ حیات تنگ کر رکھا ہے۔بہ الفاظ دیگر وہ خاکسار کی سوانح حیات کو بری طرح مختصر کرنے پر تلی ہوئی ہیں۔ اس عمل کے لیے کسی دوسری شخصیت کی دخل اندازی بھی انہیں گوارہ نہیں۔ادھر مصطفیٰ کمال صاحب نے بھی مختصر سوانح حیات کی ڈمانڈ سامنے رکھ دی۔اب اونٹ ایک نہیں دو پہاڑوں کے نیچے آیا ہے دیکھیے کس کروٹ بیٹھے۔۔

چند روزہ حیات کی سوانح حیات کو مختصر کرنے سے پہلے سوچ رہا ہوں کہ جو شعر اوپر سرزد ہوا ہے اس کی شان نزل سے پردہ اٹھاتا چلوں۔یاد آتا ہے کہ علامہ اقبال نے برسوں پہلے ایک دیدہ ور کے تعلق سے پیشنگوئی کی تھی۔نہ جانے کیوں ادھر کچھ دنوں سے اُس دیدہ ور کی جھلکیاں خاکسار میں نظر آنے لگی ہیں۔ اب دیکھئے نا کہ ایک روز:

ہوئے فارغ جونہی مسرور کل کلّی غرارے سے
تو سوچا فائدہ ہی کچھ اٹھالیں استخارے سے
خودی اقبال کی آئی نظر اک استعارے سے
یہ نرگس کہہ رہی تھی رو کے اک آلو بخارے سے
بہ آسانی نہیں ہوتا کوئی بھی باہنر پیدا
بڑی مشکل سے ہوتا ہے چمن میں دیدہ ور پیدا

اِدھر والدین محترم (اللہ ان کی مغفرت فرمائے) اکثر فرمایا کرتے تھے کہ خاکسار کی ولادت باسعادت آسانی سے نہیں ہوئی تھی۔وہ کون سے طبعی یا کیمیائی عوامل تھے جن کی وجہ سے یہ دشواری پیش آرہی تھی مجھے اس کا علم نہیں،لیکن یہ بات کئی وسیلوں سے میرے علم میں آئی کہ میں بڑی مشکل سے پیدا ہوا تھا اور دیدہ ور آسانی سے پیدا بھی نہیں ہوتے۔دیدہ وری کے ثبوت کے لیے ایک شعر پیش خدمت ہے:

دلیلوں کے بنا مسرور میں دعویٰ نہیں کرتا
پرکھ کر دیکھ لیں حضرات سب دعوے مسلّم ہیں
حسینوں کا چمن میں روز میں دیدار کرتا ہوں
مرے اندر نمایاں دیدہ ور ہونے کے سمٹم ہیں

یہ شعر کمزور ہوسکتا ہے۔اس کے مشمولات بھی کمزور ہوسکتے ہیں۔لیکن جو Original Symptom ہیں وہ کافی strong

ہیں ۔ کسی کو یقین نہ آئے تو دیدہ وری کے مزید ثبوت کے لیے ان حسینوں کو پیش کیا جاسکتا ہے جن سے بہ وقت دیدہ وری اس دیدہ ور کی ایک آنکھ کو سخت صدمہ پہنچا تھا۔ یہاں تک کہ بعد میں موتیا بند بھی اتر آیا تھا۔ ایک صاف ستھری دلیل کو شک وشبہ کی انگلیوں سے ٹٹول کر خواہ مخواہ گندہ کرنا کہاں کی عقل مندی ہے۔۔

میں دیکھ رہا ہوں کچھ دنوں سے کئی ایجنسیوں کو نہ جانے کیوں میری سوانح اور تاریخ پیدائش سے دلچسپی پیدا ہوگئی ہے۔ ریٹائرمنٹ کے بعد Life certificate جمع کرتے وقت ہر سال مجھے ایک کالم میں اپنی تاریخ پیدائش کا اندراج کرنا پڑتا ہے۔ شاید اس محکمہ کو بھی میری تاریخ پیدائش پر غیروں کی طرح اعتماد نہیں ہے۔ ادھر میں دن بدن پینسٹھ سال سے کچھ زیادہ کا ہوتا جارہا ہوں۔ برسوں پہلے مولوی صاحب نے مدرسہ میں داخلہ دینے سے پہلے والدین محترم سے میری تاریخ پیدائش پر ایک انٹرویو کیا تھا۔ یہ انٹرویو بعد میں ایک سمینار کی شکل اختیار کر گیا۔ اس بات پر والدین متفق تھے کہ جس دن میں پیدا ہوا اس دن کوئی نہ کوئی تاریخ ضرور تھی۔ والدہ صاحبہ چاند کی تاریخ پر مصر تھیں اور والد صاحب انگریزی تاریخ سے منسلک کرنا چاہتے تھے۔ بھلا ہو میونسپلٹی والوں کا کہ انہوں نے میرا رنگ روپ وزن اور گرتی ہوئی تندرستی دیکھ کر میرے جغرافیہ سے match کرتی ہوئی جو تاریخ پیدائش fix کردی وہ دو جون انیس سو انچاس ہے۔ اور اس طرح ثابت ہوا کہ دیدہ ور مشکل سے پیدا ہوتا ہے۔

یہ بات میری سمجھ میں اور دس سال بعد آئی کہ یہ واقعہ محلہ بدھ بازار قصبہ شاہ آباد، ڈسٹرکٹ ہردوئی اتر پردیش کا ہے۔ اس دیدہ ور کے ساتھ چونکہ مشکلیں قدم قدم پر رہیں لہٰذا ہائی اسکول سے لے کر گریجویشن اور B.Ed سے لے کر ملازمت تک کہیں کسی سہولت سے واسطہ نہ پڑا۔۔

مزید وضاحت کے لیے عرض ہے کہ ۱۹۶۵ء میں ہائی اسکول، ۱۹۷۰ء میں گریجویشن شاہجہانپور سے کیا اور ۱۹۷۱ء میں علی گڑھ یونیورسٹی سے B.Ed۔ اس کے بعد بیس سال تک ممبئی میں درس وتدریس کا کام انجام دیتا رہا۔ یہیں شادی ہوئی اور بیوی کو میرا کام تمام کرنے کا موقع ملا۔ دو بیٹیوں اور ایک بیٹے کی نعمت بھی یہیں عطا ہوئی۔ ۱۹۹۲ء میں بابری مسجد کی شہادت پر فسادات سے عاجز آ کر ممبئی کو خیر باد کیا اور وطن مالوف شاہجہانپور آنا پڑا۔ روزی روٹی کے لیے ایک انٹر کالج کا سہارا ملا۔ بلڈ پریشر، عارضہ شوگر اور شعر وشاعری کی علتیں یہیں لاحق ہوئیں جن سے ہنوز پیچھا نہیں چھوٹا ہے۔ بیوی نے میرے ریٹائر ہونے سے پہلے ہی میرے ریٹائر ہونے کی افواہ پھیلا دی تھی۔ ۲۰۱۱ء میں ڈپارٹمنٹ کو بھی اس بات پر یقین آ گیا اور مجھے کچی پنشن دے کر ریٹائر کردیا گیا۔ کیوں کہ پیدا ہونے کے علاوہ دنیا کا کوئی کام سنجیدگی سے نہیں کیا تھا لہٰذا شاعری میں بھی سنجیدگی کہاں سے آتی۔۔

ایک شعری مجموعہ 'تریاق حزن' ۲۰۰۷ء میں شائع ہوا تھا۔ فی الحال ایک نثری اور ایک شعری مجموعہ 'مزاح مرغن' کمپوزنگ کے مرحلے میں ہے۔ اتنی ڈھیر سی سوانح حیات کو اور کس طرح مختصر کروں یہ سمجھ میں نہیں آتا۔۔

اور اگر اس سے بھی زیادہ مختصر سوانح حیات درکار ہو تو میں اپنا آدھار کارڈ ارسال کرسکتا ہوں کیوں کہ مختصر سوانح حیات جاننے کے لیے آدھار کارڈ سے زیادہ مختصر دوسری کوئی Device موجود نہیں اور پھر اس میں تو خاکسار کی ایک تصویر بھی نظر آتی ہے۔ یہ وہی تصویر ہے جس کی بنیاد پر ایک بار جب ایک محکمہ کو میری تلاش ہوئی تو سرکاری اہلکار میرے دھوکے میں میرے سامنے محلے کے چھ سات لوگوں کو بہ یک وقت شناخت کے لیے اٹھا لے گئے۔ آج میں یہ سوچ سوچ کر خوش ہوتا ہوں کہ میرے بعد بھی مجھ جیسی کئی شخصیتیں اس دنیا میں مدتوں موجود رہیں گی۔ ایک پروفیشنل تنقید نگار نے جب میرے آدھار کارڈ کا فوٹو دیکھا تو ایک کپ چائے اور دو بسکٹ پر کچھ اس طرح تنقید فرمائی کہ 'اگر یہ آپ ہی کی تصویر ہے تو اس میں آپ کے بچپنے کی جھلک، لڑکپن کا الڑھ پن، جوانی کے لچھن، بڑھاپے کی جھریاں اور

قیامت کے آثار بہ یک وقت نظر آتے ہیں، یعنی مختصر ترین سوانح حیات عکسی کی مستند اور جامع نظیر گھر بیٹھے اس ناچیز کے ہاتھ لگ گئی۔

اب اس سے پہلے کہ نمونے کی سوانح حیات پر مشتمل یہ مختصر تحریر کسی طویل سوانح عمری کی شکل اختیار کرلے میں اپنا آدھار کارڈ صاحب شگوفہ کے حکم نامہ سے link کر کے قصہ سوانح حیات یہیں تمام کرتا ہوں۔اور پھر بھی اس سوانح کے مختصر ہونے میں کوئی کمی نظر آئے تو بقول الطاف شاہ آبادی:

کہانی مختصر کردوں کہاں تک
کہو تو کاٹ دوں اپنی زباں تک

......☆......

سینیئرریٹی

شاعروں کے حشر کی کوئی بھی گارنٹی نہیں
خیران میں کچھ نہ کچھ جنت میں ڈالے جائیں گے
لڑمریں گے سینیئرریٹی پر یہ پہلے دن وہاں
اور پھر حسب مراتب سب نکالے جائیں گے

......☆......

آزما کر دیکھ لیں

دو ہی چیزوں سے سدھر جاتا ہے ٹیڑھا آدمی
لیجیے اک فامولا پیش ہے آل انڈیا
آپ بھی چاہیں تو اس کو آزما کر دیکھ لیں
اک تو ہے خوف الٰہی اک ہے خوف اہلیہ

......☆......

شکیل اعجاز (اکولہ)

وقت بہت کم ہے

۱۹۶۰ء میں ہم لوگ پرائمری اسکول میں پڑھتے تھے۔ پہلی دوسری جماعت میں ہمارے اساتذہ ہم کو گھر سے لے جاتے اور چھٹی پر گھر لاکر چھوڑتے تھے۔محبتیں کرتے تھے،لیکن ایک فاصلہ بنائے رکھتے تھے۔ دوسری جماعت میں تھے کہ اک روز بہت بڑی سفید وین جس پر سرخ + کا نشان بنا تھا اسکول آئی اور بچوں کو ٹیکے دیئے جانے لگے۔ بچے رونے لگے بھاگنے لگے۔لیکن پکڑ پکڑ کر ٹیکے لگائے گئے اس کے بعد چھٹی دے دی گئی۔تب سے اس وین کو دیکھ کر جی ڈرنے لگا۔ اگلے سال پھر یہی وین اسکول آئی تو اُسے دیکھ کر ہی ہم لوگ رونے لگے تھے۔

میں تیسری جماعت میں تھا تو ہمارے جناب نے ایک نظم مجھے یاد کروائی۔ پھر ہارمونیم اور طبلے کے ساتھ اُسے گانے کی مشق کرائی گئی۔ ۱۵ر اگست اور ۲۶ر جنوری کو میونسپل کمیٹی کی سیاہ پتھروں والی عظیم الشان عمارت کے بہت اونچے دروازے میں ڈائس بنا تھا۔ مجھے حکم ہوا کہ اب میری باری ہے، میں اپنی نظم سناؤں۔ بہت سارے لوگوں کو دیکھ کر جی گھبرا گیا۔سُر تال اور تال میل سب بے ہوش ہوگئے۔جس طرح بن پڑا میں نے نظم پڑھنی شروع کی۔میری نظم کی رفتار دیکھ کر ہارمونیم اور طبلے کی آوازیں میری آواز کے ساتھ بھاگنے لگیں۔نظم ختم ہوئی تو ہارمونیم اور طبلہ ماسٹر دونوں پسینہ پونچھتے ہوئے مجھے گھور کر دیکھنے لگے۔

پانچویں جماعت میں آتے آتے ہاتھ پیروں اور دماغ میں اتنی طاقت محسوس ہونے لگی تھی کہ والدین سے کسی چیز کے لئے ضد اور ہڑتال کر سکیں۔ نیا اسکول، نئے لوگ، نئے ماحول سے تعارف ہوا تب جولائی کا مہینہ تھا۔ اسکول کے راستے میں جگہ جگہ گھاس اور تروٹے کے درختوں کی خوشبو تھی۔ موسلا دھار بارشیں تھیں۔ کچھ بچوں کو خوبصورت رنگ برنگی برساتیوں میں دیکھ کر میرا بھی جی للچایا۔ اک ایسا لباس جسے پہن کر چھتری کے بغیر گھوم پھر رہے ہیں اور بھیگتے بھی نہیں۔ ابّا جان سے برساتی کی فرمائش کی۔ مالی حالت اچھی نہیں تھی۔ کہنے لگے ابھی تو بارش شروع ہوئی ہے۔ذرا رُکو پھر اک روز بہت ضد کر کے میں نے کہا اسکول کے بہت سے بچے برساتی میں گھوم رہے ہیں مجھے بھی چاہئے تو کہنے لگے تمہارے اسکول کے بچے دُم لگالیں گے تو تم بھی دُم لگا کر گھومو گے کیا؟ تھوڑے دن بعد اور ضد کی تو کہنے لگے اب تو بارش کا موسم ہی ختم ہونے کو ہے اگلے سال دلا دیں گے۔

ابّا جان روز شام میں یہ ضرور پوچھتے تھے کہ آج اسکول میں کیا پڑھائی ہوئی۔ پڑھائی کے علاوہ دوسری سرگرمیوں میں بھی حصہ لینے کے لئے حوصلہ افزائی کرتے تھے۔

اس سال یعنی ۱۹۶۱ء میں شہر میں افریقن سفاری African Safari اور 'ہٹاری' نام کی فلمیں لگیں تو اساتذہ کی نگرانی میں اسکول کے بچوں کو قطار میں تھیٹر لے جا کر فلم بتائی گئی۔فلم دیکھنے کا یہ پہلا تجربہ تھا۔اساتذہ کے کہنے پر یہ فلم دیکھنا ہمیں کارِثواب محسوس ہوا۔ ورنہ ذہن میں یہ بات بیٹھی ہوئی تھی کہ فلم دیکھنا گناہ ہے۔ مڈل اسکول میں پڑھائی کے دوران، مختلف اسکولوں کے گراؤنڈ پر کبھی خان عبدالغفار خان کی تقریر سننے ہم کو لے جایا گیا،کبھی پنڈت جواہر لال نہرو اور کبھی سنت ونوبا بھاوے کو سننے کے لئے۔لیکن ہم تو صرف دیکھتے تھے وہ کیا کہہ رہے ہیں سمجھ نہیں آتا تھا۔بس یہ سمجھ میں آتا تھا کہ ہم بچے گرفتار کر کے یہاں لائے گئے ہیں اور کوئی فرار نہ ہو سکے اس کے لئے اساتذہ نے ہم کو گھیرے میں لے رکھا ہے۔

نویں جماعت کے لئے پھر اسکول بدلنی پڑی۔ یہاں اختیاری مضمون میں ہم نے ''فارسی'' لے لی۔لیکن کلاس روم میں ایسا لگتا تھا کہ کسی کو بھی فارسی نہیں آتی۔بشمول استاد۔ فارسی کے ایک سبق میں

یہ لکھا تھا

''بادشاہ نیز بَر یک فیل سوار شد'' اس کا ہم نے ترجمہ یہ کیا تھا کہ ''بادشاہ خود بھی ایک ایسے ہاتھی پر سوار ہوا جس کے بریک فیل تھے''

نویں جماعت کے سالانہ امتحان میں فارسی کا پرچہ دے کر باہر نکلے تو بچے ایک دوسرے سے شکوک کا تبادلہ کر رہے تھے۔ اس میں، میں نے خواجہ خطیب الدین سے پوچھا کہ یہ جو ترجمہ والے سوال میں اردو سے فارسی میں ترجمہ کرنا تھا اس میں تم نے کیا لکھا؟ (اُردو میں لکھا تھا ''سند باد نے گفتگو شروع کی اور کہا'')

انھوں نے کہا میں نے یہ لکھا کہ سند باد گفتم۔ اسٹارٹم۔ درست ہے؟ میں نے کہا ہاں اسٹارٹ یعنی شروع کرنا، اسٹارٹم یعنی گفتگو شروع کی۔

کلاس روم میں دیوار کے پاس بیٹھنے والوں کا خون پی کر مچھر دیوار پر بیٹھ جاتے اور ہمارے ہاتھوں مارے جاتے تھے۔ اب دیکھتا ہوں کہ خون پی کر مچھر دیواروں پر نہیں بیٹھتے، چھت پر بیٹھتے ہیں۔ خون بہانے والے اب پہلے سے زیادہ چالاک اور طاقتور ہوگئے ہیں۔

۱۹۷۰ء تک ہمارے محلے کی گلیوں میں، گرمیوں کے موسم میں، دیواروں سے پلنگ لگا کر سوتے تھے۔ دیواروں کے ساتھ موٹر سائیکلیں یا سائیکلیں نہیں لگائی جاتی تھیں۔ آج چوروں کے علاوہ مچھر اور کتے بھی طاقتور، ڈھیٹ اور بے غیرت ہوگئے ہیں۔ وہ دن کتنے اچھے تھے کہ ہم گلیوں میں بھی میٹھی نیند سو سکتے تھے آج تو گھر میں بھی چین نہیں۔!

پستہ قد اور دُبلا ہونے کے سبب مَیں اپنے ہم عمر لڑکوں سے کم عمر لگتا تھا اس سے مجھے بہت سی رعایتیں حاصل تھیں۔ آٹھویں جماعت میں پہنچتے پہنچتے جب میرے ہم عمر لڑکوں کا گھروں میں آنا ممنوع ہوگیا تھا میرے ساتھ اکثر اس قسم کے واقعات ہوتے کہ کسی بزرگ کے کہنے پر ان کے گھر پہنچ کر دروازہ کھٹکھٹایا۔ خاتون کے دروازے کھولنے پر کہا کہ چچا جان نے فلاں کتاب منگوائی ہے۔ وہ خاتون یا عمر میں مجھ سے بڑی لڑکی کہتی اندر آؤ۔ میں کہتا نہیں آپ یہیں دروازے پر لاکر دے دیجئے۔ تب وہ خاتون مسکرا کر کہتیں تم سے کسی کو پردہ نہیں ہے اندر آجاؤ۔ اندر جانے پر گھر کی دیگر چھوٹی بڑی خواتین میرے آس پاس جمع ہوجاتیں اور مجھ سے سوالات کرتیں اور مسکراتیں۔ میرا خیال ہے کہ وہ میرے سہمے ہوئے ہونے سے لطف اندوز ہوتی تھیں۔ کالج میں بھی لڑکیاں دوسروں کے مقابلہ مجھے زیادہ قابل اعتبار سمجھ کر بے تکلف ہوجاتی تھیں۔ شاید انھیں بھی میرا سہا ہوا چہرہ تفریح فراہم کرتا تھا۔

۱۹۷۱ء میں گیارھویں میٹرک کرنے کے بعد برہانپور کے اشرف اسٹوڈیو میں، فلموں کے Banners بنانے کی مشق کے دوران بی اے کیا۔ اگلے دو تین برسوں میں بار بار بمبئی آکولہ آمد و رفت رہی۔ ممبئی میں ادب اور فلم کی بڑی ہستیوں سے ملاقاتیں اور ان کی فرمائش پر پینٹنگ کرنے کا موقع ملا۔ ان میں خواجہ احمد عباس، جاوید اختر، گلزار، ظ انصاری، مجروح سلطانپوری کے علاوہ دلیپ کمار، دیو آنند، ششی کپور، سمیتا پاٹل، ریکھا وغیرہ قابل ذکر ہیں۔ ۱۹۷۷ء میں ریجنل کالج آف ایجوکیشن بھوپال میں بی ایڈ کے دوران ڈاکٹر اخلاق اثر صاحب کی نگرانی میں علم و ادب سے دلچسپی بڑھی اور لکھنے کا شوق ہوا۔ یہاں مرزا رفیق شاکر کے مضامین اور ان کی قہقہہ افروز گفتگو سن کر میں نے مزاحیہ مضامین لکھنے شروع کئے۔ یہ مضامین پہلی بار 'شگوفہ' میں محترمی سید مصطفےٰ کمال صاحب نے شائع کئے اور لوگوں نے پسند کئے تو لکھنے کا سلسلہ آگے بڑھا۔ مصطفےٰ کمال صاحب میری حوصلہ افزائی نہ کرتے تو آج میں تین طبع زاد کتابوں کا مصنف نہ ہوتا۔

۲۰۱۲ء میں جونیر کالج لکچرر کی حیثیت سے ملازمت سے سبکدوشی کے بعد میرے لکھے ہوئے بے ترتیب مضامین جو پانچ سو صفحات ہوسکتے ہیں، ان کو جلدی جلدی سمیٹ کر کتابی شکل دینے کی کوشش میں ہوں۔ عمر ۶۵ کے قریب ہونے کو ہے ذہن میں بار بار یہ خیال اِن دنوں آتا رہتا ہے

''جلدی جلدی، ادھورے کام مکمل کرو' وقت بہت کم ہے۔

☆……○……☆

شکیل اعجاز، اکولہ

غصّہ آیا تو قوسین لگا دیے

باؔوا غریبی میں بادشاہت کرتے تھے۔ کتابت کی محنت کر کے پیسہ کماتے تھے لیکن گاہکوں سے دبتے نہ تھے۔ ۱۹۶۰ء کے آس پاس کاتبوں کے بغیر زندگی کے بہت سے اہم کام رُک جاتے تھے۔ شادی کے رقعے، مشاعروں اور جلسے جلوسوں کے اشتہار، چھوٹے بڑے اخبار اور رسالے وغیرہ۔ ایک انار سو بیمار کی طرح کاتب لوگ اتنے سارے کام کر کر کے چڑ چڑے بلکہ جھگڑالو ہوگئے تھے۔ باوا تو پیدائشی غصیلے تھے۔ مشغلۂ کتابت سے اور خطرناک ہوگئے۔ گاہکوں سے ناراض رہتے۔ ارجنٹ اور بڑا کام لانے والوں سے نفرت کرتے تھے۔ کام نہ ہو تو بھوکے لیکن بہت خوش رہتے اور مہدی حسن اور غلام علی کی غزلیں گاتے اور ڈیسک بجاتے تھے۔ گاہکوں پر زبانی حملوں کے علاوہ کتابت کے ذریعے بھی غصہ اُتارتے تھے۔ ایک سیاسی پارٹی کا آدمی الیکشن میں کھڑا ہوا اس کے اشتہار میں لکھنا تھا کہ فلاں پارٹی کے ''نامزد امیدوار''۔ کتابت کے دوران اُس نے شہر کے دوسرے شریف لیڈر کی تضحیک کردی۔ باوا کو غصہ آگیا۔ اشتہار میں ''نامزد'' لکھتے ہوئے زے کا نقطہ دیا ہی نہیں۔ وہ اشتہار ویسا ہی چھپ گیا۔ اس کے بعد ان دونوں میں جو گفتگو ہوئی وہ آپ خود تصور کرلیں۔

شہر میں ایک آدمی نے ڈاکٹر کی سند پانے کے لئے تحقیقی مقالہ لکھا، عنوان تھا ''اُردو درسیات کا ارتقائی جائزہ''۔ یونیورسٹی میں پیش کرنے سے قبل خوش خط لکھنے کے لئے باوا کو دیا۔ اُجرت طے ہونے کے باوجود معاوضہ دینے میں وہ باوا کو ستانے اور ترسانے لگا۔ باتوں کے دوران دلآزاری بھی کرنے لگا۔ باوا کا پارہ چڑھ گیا۔ انھوں نے مقالہ لکھنے کے دوران اپنی طرف سے قوسین میں ایسے ایسے جملے لکھ کر اپنا غصہ اُتارا جو مقالہ میں کئے گئے دعوؤں کے خلاف تھے یعنی تحقیقی حقائق اور نتائج کی نفی کرتے تھے۔ باوا کے لگائے قوسین کے سبب مقالہ طویل اور دلچسپ ہوگیا۔ گزشتہ ۲۴ گھنٹوں میں ہوئی کتابت کے صفحات کو مزاحیہ مضمون سمجھ کر پڑھنے کے لئے ان کے قریبی دوست ہر رات باوا کے پاس جمع ہوتے تھے۔ اس کی خبر مقالہ نگار کو آخر تک نہ ہوسکی۔

اس مقالے کے کچھ دلچسپ حصّے ذیل میں درج کئے جاتے ہیں۔ یہ ذہن میں رکھئے کہ قوسین میں جو کچھ لکھا ہوا ہے وہ باؔوا کے خیالات ہیں جو انھوں نے اپنی طرف سے لکھے ہیں۔ قوسین سے باہر جو کچھ ہے وہ اصل مقالہ ہے۔

☆ امیر خسؔرو نے دہلی آکر سلطان قاآن کی شہادت پر مرثیہ پڑھا جسے سن کر بلبن اتنا رویا کہ بیمار پڑ گیا اور اسی صدمہ سے انتقال کرگیا۔ (اس کے بعد جو بادشاہ تخت پر بیٹھا وہ لاکھ درخواست پر بھی اپنے آباء واجداد کا مرثیہ نہیں سنتا تھا بلکہ اصرار کرنے والے کو کوڑے لگائے جاتے تھے۔ ایک مرتبہ بہت دور دراز ملکوں کا سفر کر کے ایک شاعر مرثیہ لکھ لایا اور دربار میں سنانے کی خوشی خوشی درخواست کی۔ اس کا ہونے والا حشر تصور کر کے لوگ دل ہی دل میں ہنسنے لگے۔ زور سے ہنس نہ سکتے تھے اس لئے درباریوں کے کندھے ہلنے لگے۔ آخر کار وہی ہوا۔ بھرے دربار میں اُسے کوڑے لگائے گئے۔ وہ اتنا رویا کہ اس کا مرثیہ لکھنے کی نوبت آگئی۔ کسی کی مجال نہ تھی بادشاہ کے سامنے مرثیہ کا نام بھی لے لے)۔

☆ بادشاہ نے اپنے ایک مصاحب کو امیر کا لقب دیا اور جامہ و کمربند جو کہ امرائے کبار کا لباس تھا اس کے استعمال کی اجازت دی۔ (اللہ کا شکر ہے ہم اُس زمانہ میں نہیں تھے جب کمربند کے استعمال کے لئے بھی بادشاہِ وقت کی اجازت لینی پڑتی تھی۔ بھری محفل میں بادشاہ ناراض ہوجائے اور کمربند کے استعمال کی اجازت واپس لے لے تو کتنی بُری بات ہے۔ سب کے سامنے کمربند نکال

کر بادشاہ کے حوالے کرو اور خود دونوں ہاتھوں سے پاجامہ پکڑ کر گھر کی طرف نکلو۔ اتنی دیر میں کسی کی سفارش پر بادشاہ دوبارہ اجازت مرحمت فرمادے تو کمر بند کے دوبارہ استعمال سے انکار کی ہمت بھی نہیں کر سکتے۔ بھرے دربار میں پاجامے کے نیفے میں کمر بند ڈالنا کتنا مشکل ہے۔ جبکہ دربار کی کارروائی رُکی ہوئی ہو۔ لوگ پاجامہ اور کمر بند کی طرف غور سے دیکھ رہے ہوں)

☆ اُنھوں نے نظم و نثر کی کئی (غیر معیاری) تصانیف (اور آوارہ اولادیں) یادگار چھوڑی ہیں۔

☆ خسرؔو نے اپنی اس تصنیف ''خالقِ باری'' کو نہ تو اہمیت دی نہ اس پر اظہارِ افتخار کیا۔ ''نظم ہندی کے یہ جزوے چند'' لکھ کر نذرِ دوستاں کر دیئے۔ غالب نے بھی اپنی لکھی درسی کتاب ''قادر نامہ'' کا نہ تو کہیں ذکر کیا اور نہ اُسے اپنی کتب کی فہرست میں شامل کرنا ضروری سمجھا۔ (پہلے کے لوگ اپنی لکھی کتابوں کو بھی اپنے کام و نام کی فہرست میں شامل نہ کرتے تھے۔ آج کل دوسروں کی کتابوں میں تھوڑی تبدیلی کے بعد دوبارہ لکھ کر اپنی کتابوں کی فہرست میں لگا دیتے ہیں)۔

☆ مغلیہ سلطنت کا آفتاب، اکبر جہانگیر اور شاہ جہاں کے زمانے میں نصف النہار پر پہنچ گیا تھا پھر مختلف اسباب کی بناء پر روبہ زوال ہونے لگا۔ (مختلف اسباب کی ضرورت نہیں۔ نصف النہار پر پہنچنے کے بعد سورج خود بخود رُوبہ زوال ہوتا ہے۔ یہ اللہ کا نظام ہے)۔

☆ مرزا غالب کی شہرت کا محل ان کے مختصر اُردو دیوان اور ان کے اُردو خطوط، ان دو عظیم ستونوں پر قائم ہے۔ (کوئی محل دو ستونوں پر قائم نہیں رہ سکتا۔ چونکہ غالبؔ کا قائم ہے اس لئے دو ۲ اور ستون ضرور ہوں گے جس کا علم مقالہ نگار کو نہیں ہے)۔

☆ اب انگریزوں نے کاروبارِ حکومت کی طرف توجہ دینی شروع کی۔ (کسی کا انڈوں کا کاروبار، کسی کا لکڑی کا، کسی کا اسمگلنگ کا کاروبار، اسی طرح انگریز قوم حکومت کا کاروبار کرتی تھی۔ میرا کتابت کا کاروبار ہے)۔

☆ فورٹ ولیم کالج کلکتہ میں غیر ملکیوں کو ملکی زبان سکھانے کے لئے اس سے پہلے بھی کئی کتابوں کا ذکر ملتا ہے۔ (اُس زمانے میں غیر ملکیوں کو ملکی زبان اور ملک والوں کو غیر ملکی زبان سکھانے پر بہت توجہ دی جاتی تھی تاکہ دونوں طرف کے لوگ اپنے خیالات کی ترسیل اچھی طرح کر سکیں۔ مادری زبان چھوڑ کر دوسری زبان پر شب و روز محنت کا نتیجہ یہ نکلا کہ اپنی اپنی زبان بھی بھول گئے۔ ترسیل کا مسئلہ شدید ہوگیا۔ آخر کار اشاروں سے کام چلایا جاتا تھا۔ اشارے کرنے کی ابتدا یہیں سے ہوئی لیکن بعد میں اور آج کل یہ غیر ادبی اور غیر شریفانہ حرکت سمجھی جاتی ہے)۔

☆ اس دوران ایک اسکاٹ باشندہ جان گِل کرسٹ ہندوستان آیا جس نے ہندوستانی زبانیں سیکھیں۔ کتابیں لکھیں اور تعلیم و تدریس کے عمل میں اہم رول ادا کیا۔ (افغانیوں میں گل بدن حکمت یار، گُل جمال اور گُل رُخ جیسے نام ہوتے ہی ہیں وہ اُسے جانِ گل، انگریزی میں شاعری کرنے کے سبب کرسٹؔ تخلص کرنے والا، اس طرح جانِ گُل کرسٹ کہتے اور اپنا ہی بھٹکا ہوا آدمی سمجھتے تھے۔ چنانچہ ستاتے نہ تھے جو چاہتا اُسے کرنے دیتے تھے)۔

☆ گل کرسٹ کی ایک کتاب کا نام کافی طویل ہے (کافی طویل نہیں، بہت طویل لکھنا چاہئے تھا۔ ان دنوں غلط مقام پر کافی کا استعمال کیا جارہا ہے۔ ایکسیڈنٹ میں کافی خون بہہ گیا یعنی جتنا مَیں چاہتا تھا تقریباً اتنا ہی۔ کافی درد ہورہا ہے۔ یعنی میری تمنا تھی کہ بہت درد ہو۔ بس اب تسلّی ہوگئی۔ بہت خون بہ گیا۔ بہت درد ہے یوں لکھنا چاہئے)

☆ غلام علی کی لکھی ہوئی علمِ جغرافیہ ۱۸۵۱ء میں کلکتہ سے شائع ہوئی تھی۔ (ان غلام علی نے بہت طویل عمر پائی۔ ایک صدی بعد شہرِ دیگر سے ظاہر ہوئے۔ اب کی بار جغرافیہ کی کتاب لکھنے کی بجائے تاریخ مرتب کی یعنی غزل سنگر کے طور پر پوری دنیا میں مشہور ہوئے۔ چپکے چپکے رات دن غزلیں گاتے رہتے تھے۔ Concert کے بہانے کلکتہ آکر فورٹ ولیم کالج کی عمارت دیکھ کر دل ہی دل

میں خوش ہوتے تھے)۔

☆ درسی کتب کا معیار برقرار رکھنے کے لئے بیورو کا مخصوص طریقۂ کار ہے۔ (لیکن خود بیورو کا معیار بے قرار ہے۔ حکومت کے ساتھ بدلتا رہتا ہے)۔

☆ ''آرائشِ محفل'' حیدریؔ کی مشہور کتاب ہے جسے انھوں نے اُردو میں منتقل کیا۔ اس کے اصل مصنف کا پتہ نہیں۔ (''اس کے اصل مصنف کا پتہ نہیں'' پڑھ کر ایک صاحب نے مشہور کروادیا کہ ان کے آبا و اجداد میں سے کسی نے لکھی ہے۔ ثبوت پیش نہ کرنے پر مقدمہ چلا۔ جیل گئے۔ وہاں کسی نے پوچھا کس وجہ سے آنا پڑا؟ انھوں نے تفصیل نہیں بتائی بس اتنا کہا...... آباء واجداد کی وجہ سے)

☆ غدر کا ہنگامہ ہوا تو کالج کے پرنسپل ٹیلر نے مولوی محمد باقر کے یہاں پناہ لی۔ جنھوں نے بربنائے مصلحت انھیں گھر سے رخصت کردیا۔ باہر باغیوں نے ٹیلر کو مارڈالا۔ (کالج کا یہ پرنسپل جو خیر سے ٹیلر بھی تھا، بلّی ماراں میں ٹیلرنگ کی دوکان کرتا تھا۔ زیادہ تر غالبؔ کے کپڑے سیتا تھا)۔

☆ عہدِ حاضر کے عظیم اُردو ادیب محقق و نقاد گزرے ہیں وہ کئی کتابوں کے مؤلف اور مترجم ہیں۔ ساری عمر درس و تدریس کے شغل میں گذری۔ (سگریٹ نوشی اور دوسری نوشی کا بھی شغل کرتے تھے۔ ان کے منہ گالیاں بہت تھیں۔ ٹیلی فون پر دیتے تھے)۔

☆ تاریخ کا مقصد انسان کو ماضی کی باتیں بتا کر حال اور مستقبل کے لئے تیار کرنا ہے۔ (اس میں اکثر اُلٹا ہوجاتا ہے۔ اپنے سر پر بچی آخری ٹوپی بھی آخری بندر لے کر چلا جاتا ہے)۔

☆ حسینی نے ۱۸۰۵ء میں فارسی تاریخ کا ترجمہ ''تاریخِ آشام'' کے نام سے کیا یہ آسام کی تاریخ ہے۔ (''آسام کی نئی تاریخ لکھی جائے تو اُسے ''تاریخِ خون آشام'' کا نام دیا جاسکتا ہے)

☆ میر آمن کے تفصیلی حالاتِ زندگی نہیں ملتے۔ (یہ اچھا ہی ہے۔ لوگ صرف ادبی کارنامے دیکھتے اور میر آمن کو محترم جانتے ہیں۔ غالبؔ کے تفصیلی حالاتِ زندگی نہ ملتے تو اچھا تھا۔ وہ نیک لوگوں کی مجلسوں میں بھی مقبول ہوتے۔ اپنے تفصیلی حالاتِ زندگی اہلیہ اور اہلِ دنیا سے چھپائے رکھنے کی ہماری تہذیبی ضرورت اور نزاکت کو کچھ لوگ نہیں سمجھتے۔ خود نوشت کے عنوان سے رومانی افسانے لکھ کر بیوی، محبوباؤں اور شاگردوں کو ناراض کرلیتے ہیں۔)

☆ مرزا جان عیشؔ کے آباء واجداد بخارا کے رہنے والے اور قوم کے مغل تھے ان کے والد مرزا یوسف بیگ بخارا سے ترکِ وطن کر کے دہلی آئے۔ (بخارا سے دہلی لکھنا کافی تھا اس میں ترکِ وطن Under Stood ہے۔ ترکِ وطن کئے بغیر بخارا سے دہلی کیسے آسکتے ہیں؟)

☆ امجدؔ اور اخترؔ ایسے خوش نصیب شاعر ہیں کہ نصابی کتاب پرائمری اسکول کی ہو یا سینئر کالج کی، ان کی رباعیات کے بغیر ادھوری ہے۔ (جیسے روزِ عید کی چاند رات کو بہت بڑے بازار میں صرف ایک دوکان کمر بند کی ہوتی ہے اور خوب چلتی ہے۔ خالی بیٹھے دوکاندار کمر بند کو حسرت سے دیکھتے رہتے ہیں۔)

☆ ڈاکٹر ذاکر حسین کی قیادت میں ماہرینِ تعلیم نے ''وردھا اسکیم'' وضع کی جس میں طلباء پر پڑھائی کے ساتھ ہاتھ کی کاری گری سکھانے پر زور دیا گیا۔ تاکہ وہ کام کر کے کچھ کما سکیں۔ (جانتے تھے ایک وقت آنے والا ہے پڑھ لکھ کر بھی نوکری ملے گی نہ دُلہن۔ لڑکا بڑھئی ہے کہہ کر شادی تو ہوسکے گی۔ پھر ''اچھے دنوں'' کے انتظار میں اس کے بچّے خود بخود بڑے ہوتے رہیں گے)۔

اس طرح باواؔ نے اپنی طرف سے قوسین لگا کر اور کئی جگہ اس کے بغیر بھی گڑبڑ کی جیسے لارڈ ڈلہوزی کو لارڈ ڈلیوری کیا۔ شورش صدیقی کو شورشِ صدیقی۔ جذبۂ روحانی کو جذبۂ رومانی۔ رنگین عبارت آرائی کو رنگین عبادت آرائی۔

یونیورسٹی میں مقالہ داخل ہونے کے بعد اُس آدمی کو ڈاکٹر کی سند مل گئی۔ ممتحن کو کچھ دوسرے مقالے بھی پڑھنے ہوں گے اسے پڑھ نہیں سکا ہوگا۔ باواؔ نہیں مانتے کہتے ہیں میرے قوسین پڑھنے کی وجہ سے ''قابلِ اطمینان'' کا سرٹیفکٹ اور Ph.D کی ڈگری ملی۔

☆......O......☆

پروفیسر احمدؐ اللہ خان
سابق ڈین، شعبۂ قانون عثمانیہ یونیورسٹی

مزاح کا طبّی معائنہ

کہتے ہیں کہ شامت دستک دے کر نہیں آتی۔ مگر کبھی کبھی موبائیل فون کی گھنٹی بجا کر آجاتی ہے۔ ایسے ہی ایک شام ہمارے موبائیل کی گھنٹی بجی اور ڈاکٹر محمد علی رفعت صاحب نے کہا کہ ''آپ کو محفلِ لطیفہ گوئی'' کی صدارت کرنا ہے۔ یہ ایک اچانک اور غیر متوقع حملہ تھا اور ابھی ہم اس حملے کے اثرات سے اُبھرنے بھی نہیں پائے تھے کہ فون پر ڈاکٹر مصطفیٰ کمال صاحب کی آواز سنائی دی۔ کہنے لگے کہ ابھی ابھی رفعت صاحب نے جو بات کہی ہے، میں اس کی لفظ بہ لفظ تائید کرتا ہوں۔ یعنی یہ دعوت نہ ہوئی ایک قرارداد ہوگئی۔ پھر دو دن بعد اخبار میں یہ خبر شائع ہوگئی کہ ہم محفلِ لطیفہ گوئی کی صدارت کرنے والے ہیں۔ ہمارے ایک بے تکلف دوست نے فون کیا اور کہنے لگے ''کیا آپ محفلِ لطیفہ گوئی کی صدارت کرنے جارہے ہیں؟ ہم نے پوچھا ''یہ خبر آپ نے پڑھی ہے یا سُنی ہے''۔ کہنے لگے ''سنے ہوں یا پڑھے ہوں کوئی فرق نہیں پڑتا۔ اس لیے کہ آج کل پڑھے لکھے لوگ بھی سنی سنائی باتوں پر یقین کر لیتے ہیں۔ ہم نے کہا ''جی ہاں یہ سچ ہے''۔ کہنے لگے ''بہتر ہے آپ معذرت کر لیجئے'' ہم نے کہا کہ اب تو ایجاب وقبول ہو چکا اور معاملت مرحلۂ تکمیل کو جا پہنچی ہے۔ اب ہم بذریعہ ایس۔ ایم۔ ایس یا واٹس اپ یا فون پر ''نہیں آسکتا، نہیں آسکتا، نہیں آسکتا'' تو نہیں کہہ سکتے۔ اس لیے کہ بھلے ہی قبول ہے کہنے پر کوئی پابندی نہیں مگر ''انکارِ ثلاثہ'' پر تو قانونی پابندی عائد ہے! دوست نے کہا تو پھر کہہ دیجئے کہ آپ کے کسی دوست کا انتقال ہوگیا ہے آپ نہیں آسکتے۔ ہم نے کہا بھئی اکثر ایسے موقعوں پر لوگ اپنے دوستوں کو مار دیا کرتے ہیں۔ ہم بھی بہت سے دوستوں کو مار چکے ہیں اور اب تمام دوست ختم ہوگئے۔ اب صرف آپ باقی ہیں!! لیکن آپ ہمارے دوست ہیں کوئی ہمارا ضمیر تو نہیں کہ مار دیا جائے۔ دوست نے کہا کہ آپ نے یہ فیصلہ بلا جبر و اکراہ، باہوش وحواس، خدا کو حاضر و ناظر مان کر اپنی آزادانہ مرضی سے لیا ہے؟ ہم نے کہا ''جی بالکل نہیں۔ یہ فیصلہ ہم نے بہ جبر و اکراہ، بلا ہوش و حواس اور خدا کو بھول کر، رفعت صاحب اور کمال صاحب کی جابرانہ مرضی سے لیا ہے۔'' دوست نے پوچھا ''آپ وہاں جا کر کریں گے کیا؟'' ہم نے کہا ''تقریر کریں گے۔'' کہنے لگے ''کیا تقریر کریں گے۔ قانون کی بات وہ لوگ سنیں گے نہیں۔ مزاح سے آپ کا دور دور کا واسطہ نہیں۔ ایسے میں آپ کیوں اپنی عزتِ نفس کو خطرے میں ڈال رہے ہیں۔ ویسے بھی جب آپ کی تقریر کا نمبر آئے گا تب تک محفل اپنی شانِ بہار پر پہنچ چکی ہوگی اور وہ معصوم ومظلوم سامعین جو ہنسنا بھول گئے ہیں اور اب برسوں بعد ذرا خوش ہیں تو آپ کیوں اپنی بورنگ تقریر سے اُن پر ظلم و ستم ڈھائیں گے؟ ہم نے کہا اگر ایسا ہے تو پھر ہم میڈیسن یا سوشیالوجی پر تقریر کریں گے۔ دوست نے کہا۔ مزاح کا میڈیسن یا طب سے کیا تعلق؟ ہم نے کہا اگر آپ کو مزاح کا فنِ طب سے تعلق جاننا ہے تو زندہ دلانِ حیدرآباد کی محفل لطیفہ گوئی میں تشریف لائیے اور ہماری تقریر سنئے۔

سامعین کرام! یہ سچ ہے کہ مزاح کا فنِ طب سے بہت قریبی تعلق ہے بلکہ مزاح طب کا ایک جزِ لاینفک ہے۔

مزاح جس کو انگریزی زبان میں ہیومر Humour کہا جاتا

ہے دراصل ایک یونانی لفظ ''Moisture'' پر مبنی ہے جس کے معنی ہیں ''رطوبت''۔ ہمارے جسم میں کئی ایک اعضا اور غدود ایسے ہوتے ہیں جو متحرک کردیئے جانے پر رطوبت خارج کرتے ہیں۔اور یہ رطوبت انسانی جسم پر اثرات مرتب کرتی ہے۔مزاج سے متعلق چار بڑے اہم اعضا ہیں جن سے یہ رطوبت خارج ہوتی ہے اور ہر ایک عضو سے خارج ہونے والی رطوبت علیحدہ علیحدہ انسانی جسم پر اثر انداز ہوتی ہے۔ ان چاروں اعضا کی رطوبت کو ملا کر مجموعی طور پر ہیومر Humour کہا جاتا ہے۔فنِ طب کی اس اصطلاح کے یہ معنی 18 ویں صدی عیسوی میں زیادہ مروّج تھے۔ ویسے وہ متعلقہ اعضا تو اب بھی انسانی جسم میں موجود ہیں اور رطوبت خارج کرتے رہتے ہیں۔ظاہر ہے کہ یہ اعضاء اللہ کی طرف سے صرف سو یا دو سو سال کے لئے تو انسان کو نہیں لگائے گئے۔یعنی بھلے ہی ہیومر کی یہ اصطلاح زمانۂ قدیم سے متعلق ہو مگر یہ قرونِ وسطیٰ میں بھی جاری رہی اور عصر حاضر میں بھی ان رطوبات سے متعلق یہ اعضاء انسانی جسم میں بہ حفاظت موجود ہیں، اور اب بھی انسانی جسم پر وہی اثرات مرتب کرتے ہیں جو تخلیقِ انسان کے وقت سے موجود ہیں۔

ان میں پہلی رطوبت کا نام ہے Yellow Bile ۔ یہ جگر سے خارج ہوتی ہے اور انسانی جسم و احساسات پر غصّہ اور بدمزاجی کا موجب بنتی ہے۔ دوسری رطوبت کا نام ہے Black Bile ۔ یہ گردہ اور پتہ سے خارج ہوتی ہے اور انسانی جسم پر اُداسی و صدمہ کا باعث بنتی ہے۔ تیسری رطوبت Phlegm یا Flem کہلاتی ہے اور یہ پھیپھڑوں سے خارج ہوتی ہے جس سے انسانی جسم پر Depression یا منفی اثرات کا باعث بنتی ہے۔ اسی طرح چوتھی رطوبت ہے ہیموگلوبن (Haemoglobin) جو انسانی خون میں بہ افراط موجود ہوتا ہے اور یہ انسانی جذبات یا Passion کی وجہ بنتا ہے۔ یہ چاروں رطوبتیں جب تک اپنی اپنی مناسب مقدار میں خارج ہوتی ہیں تو انسان کی طبیعت معتدل رہتی ہے۔

ان چاروں رطوبتوں کے تناسب میں ردّ و بدل سے انسانی جسم پر اتنے ہی اثرات مرتب ہوتے ہیں جس تناسب میں یہ رطوبات پیدا ہوتی ہیں اور انسان کے جذبہ غصّہ، اُداسی، ڈپریشن اور Passion کو کنٹرول کرتے ہیں۔ ہنسی یا قہقہہ کا تعلق ان چاروں رطوبات کے مخصوص امتزاج اور تناسب کے ردِّ عمل سے مربوط ہے۔مثلاً خوف یا ڈر کو دیکھ کر انسانی جسم پسینہ چھوڑنے لگتا ہے اور دل کی دھڑکن بڑھ جاتی ہے۔یعنی جو چیز خوف یا ڈر کا باعث ہے وہ انسانی جسم سے ربط میں تو نہیں آتی مگر اُس چیز کا آنکھوں کے ذریعہ ذہن پر اثر ہوتا ہے اور دماغ متعلقہ غدود یا عضو کو متحرک کردیتا ہے جس سے پسینہ خارج ہوتا ہے۔ یعنی مزاج کا تعلق نہ صرف فزیالوجی (Physiology) سے ہے بلکہ Neurology یعنی اعصابی نظام سے بھی ہے۔

اسی طرح ہنسی کی گیس یا Laughing Gas سونگھنے سے بھی جسم کے وہ اعضا متحرک ہوتے ہیں جو جذبات یا Passion سے متعلق ہیں اور دیگر رطوبات اور جسمانی نظام پر اثر انداز ہوکر ہنسی یا قہقہہ کا موجب بنتے ہیں۔ اس لیے مزاج کا تعلق Haemotology سے بھی ہے۔

اسی طرح ہنسنے ہنستے پیٹ میں بل پڑ جاتے ہیں تو شاید یہ ہم کہہ سکیں کہ مزاج کا تعلق Gastroentrology سے بھی ہے۔ علی الہذ القیاس پتہ نہیں مزاج اور کن کن مضامین سے متعلق ہو۔ مثلاً لطیفوں یا مزاحی مضامین کے ذریعہ معاشرہ کے مختلف پہلوؤں کو اُجاگر کیا جاتا ہے اور ان پر طنز و تنقید کی جاتی ہے تو مزاح کا تعلق سماجیات (Sociology) سے بھی ہوتا ہے۔قارئین کرام! اس منزل تک آتے آتے ہم نے اپنی تحقیقی کوششیں بند کردیں کیوں کہ ڈر تھا کہ آگے جاکر کہیں مزاح کا تعلق Nephrology سے نہ نکل آئے اس لیے ایسی کسی بھی ناگہانی صورتِ حال سے بچنے کے لئے ہم نے تحقیق سے راہِ فرار اختیار کرلی ہے۔

اُردو محاوروں کا طبی عنصر

جیسا کہ بتایا گیا کہ خون کے ہیموگلوبن سے Passion یا

جذبات کا تعلق ہے۔ اور ہیموگلوبن خون کے سرخ رنگ کا باعث ہوتا ہے۔ ایک اُردو محاورہ ہے کہ ''انسان کا خون سفید ہوگیا''۔ گویا ہیموگلوبن کی کمی کی وجہ سے سرخی غائب ہوکر خون کا رنگ سفید ہوگیا۔ یعنی انسان جذبات سے عاری ہوگیا۔

Black Bile کا ذکر گُردوں اور پتّہ کے ساتھ آیا جو اُداسی کا موجب بنتا ہے۔ اُردو کا محاورہ ''پتّہ مرگیا ہے'' بھی احساسات کی کمی کی طرف اشارہ کرتا ہے۔

Yellow Bile جو جگر سے خارج ہوتی ہے غصہ و بدمزاجی کا باعث بنتی ہے۔ اُردو میں دو محاورے رائج ہیں۔ (۱) جگر کا ٹکڑا (۲) بے جگرا انسان۔ یہ رطوبت بھی چونکہ اُن چاروں رطوبات کا جزولاینفک ہے جو مجموعی طور پر Humour کہلائے جاتے ہیں اور جن کا تعلق مختلف احساسات سے ہوتا ہے۔ یہ محاورے بھی اسی طرف اشارہ کرتے ہیں، اسی طرح تمام رطوبات مناسب مقدار میں ہوں تو طبیعت پر بحالی رہتی ہے۔ اُردو کا محاورہ ''طبیعت تر ہوگئی'' بھی اسی سے مربوط نظر آتا ہے۔

انگریزی میں بھی ایک محاورہ Keeping in Good Humour یعنی کسی ایسے شخص کو جو جلد ناراض ہوجاتا ہے اور چاہتے ہیں کہ وہ مشتعل نہ ہوتو کہتے ہیں کہ Keeping in Good Humour یعنی ان کے جسمانی رطوبات کو معتدل ہی رہنے دیا جائے ورنہ Humour یعنی رطوبات کا مجموعہ متحرک ہوکر ناراضگی کا سبب نہ بن جائے۔

لطیفے کے عناصر

عام طور پر لطیفہ یا مزاح کے چار عناصر ہوتے ہیں (۱) تضاد (۲) مبالغہ آرائی (۳) طنز (۴) اشارہ و کنایہ۔ اب ان عناصر سے متعلق لطیفوں کا حوالہ دیا جارہا ہے تاکہ دعویٰ دلیل کے زور پر مدلّل ہوجائے۔

پہلا عنصر تضاد کی مثال احمد شاہ بخاری پطرس کے ایک مضمون ''مرید پور کا پیر'' کے اقتباس پر مبنی ہے۔ اس مضمون میں پطرس بخاری اپنے بھتیجے کو خطوط لکھتے ہیں اور ان کا بھتیجہ وہ خطوط کو مزاحی ہونے کی وجہ ایک مقامی اخبار میں شائع کروادیتا ہے۔ پطرس بخاری ناراضگی کا اظہار کرتے اس اخبار کے مدیر کا حلیہ بیان کرتے ہیں کہ اس مدیر کا پانچ فٹ دس انچ قد ہے، گندمی رنگ، آنکھیں بڑی بڑی مگر دیکھنے میں چور لگتا ہے۔ (پہلے تین الفاظ پطرس بخاری کے من وعن نہیں ہیں) جب لفظ چور ادا کیا جاتا ہے تو یہ ہنسی کا باعث بنتا ہے۔ کیونکہ پہلی تین خصوصیات حلیہ سے متعلق اور سنجیدہ الفاظ پر مبنی ہیں اور سننے والا سمجھتا ہے کہ آگے بھی ایسے ہی کسی سنجیدہ لفظ کا استعمال ہوگا مگر جیسے ہی اس کے توقعات کے برخلاف لفظ ''چور'' کا استعمال ہوتا ہے اس تضاد سے ہنسی آجاتی ہے۔

مبالغہ آرائی کی ایک دلچسپ مثال شوکت تھانوی کے مضمون ''کیرم بورڈ'' میں ملتی ہے۔ شوکت تھانوی ایک کیرم بورڈ خرید کر لاتے ہیں اور اپنی اہلیہ کو دکھاتے ہیں۔ ان کی اہلیہ اس کھیل سے واقف نہیں ہے اور وہ سمجھتی ہیں کہ شاید یہ نہانے کی چوکی ہے کیونکہ اس کے چاروں طرف چار خانے شاید پانی بہانے کے لیے رکھے گئے ہیں اور اُن خانوں کے ساتھ جالی بھی لگی ہوئی ہے۔ یہ شاید صابن ہاتھ سے پھسل جائے تو روکنے کے لئے ہے۔ چنانچہ اُن کی اہلیہ اُس پر بیٹھ کر نہالیتی ہیں۔ اور وہ کیرم بورڈ جو چوکور تھا شوکت تھانوی کو معلوم ہونے سے قبل ہی ایسی شکل اختیار کرلیتا ہے جس کو جیومٹری کمپاس کے تمام آلات کا استعمال کرکے بھی بتایا نہیں جاسکتا۔

مزاح میں طنز کی مثال ہماری اس تقریر کی ابتدا میں بیان کردہ ''ہمارا ضمیر تو نہیں کہ مار دیا جائے'' ہوسکتی ہے۔ اسی طرح مزاح میں اشارہ و کنایہ بھی ہماری تقریر کے ابتدائی بیان ''انکارِ ثلاثہ'' کے ذریعہ ''طلاق ثلاثہ'' کی طرف اشارہ ہے جس پر قانونی پابندی عائد کردی گئی ہے۔

ان چار عناصر کے علاوہ Personification یا کسی چیز کا زندہ شخصیت کی حیثیت سے بیان کرنا بھی مزاح کی ایک صورت ہے۔ مثلاً ہمارے ایک دوست عابد صدیقی صاحب صدر ایم ڈی

ایف کا وہ مضمون جو انھوں نے زمانہ طالب علمی میں لکھا تھا اور جس کا عنوان تھا ''جب سے ہوش سنبھالا ہے تجھے ہونٹوں سے لگایا ہے''۔ اس عنوان کے آخری چار الفاظ قارئین کو اپنی طرف متوجہ کرتے ہیں اور سمجھتے ہیں کہ یہ ایک رومانی مضمون ہے۔ جیسے جیسے مضمون پڑھتے جاتے ہیں قارئین کا تجسس بڑھتا جاتا ہے کہ جس کو ہونٹوں سے لگایا ہے اُس مہ وش کا بیان کب آئے گا جسے پڑھ کر ان کے جبلی احساسات کی تسکین ہوگی۔ لیکن مضمون کے آخر میں یہ الفاظ کہ ''تو میری چاہ ہے۔ تو میری چاء ہے'' یعنی چائے کو شخصیت عطا کر کے یہ مضمون لکھا گیا تھا لیکن اختتام تک پہنچتے پہنچتے قارئین کے احساسات کو جو بام ثریا تک پہنچ جاتے ہیں، تحت الثریٰ میں پٹخ دیا جاتا ہے۔ اس اچانک اور غیر متوقع انجام سے قارئین شاید کھسیانے ہوجاتے ہوں گے۔

قارئین کرام ! جیسا کہ اوپر بیان کیا گیا لطیفہ جو مختصر ہو وہ زیادہ کامیاب ہوتا ہے کیونکہ جلد ہی اُن رطوبات کا اخراج بڑھ جاتا ہے اور سامعین کو ذرا انتظار نہیں کرنا پڑتا۔ مثلاً ایسے ہی چند مختصر ترین لطیفوں کا حوالہ بطور دلیل دیا جاتا ہے۔

ایک بڑے باپ کا بیٹا کسی سے لڑ بیٹھتا ہے اور وہ دوسرے شخص پر رعب ڈالنے کے لئے کہتا ہے کہ ''تم کو معلوم ہے میرا باپ کون ہے؟'' دوسرا شخص کہتا ہے ''کیوں تم کو نہیں معلوم؟'' اسی طرح ایک تپلی گلی میں مخالف سمتوں سے دو افراد آتے ہیں۔ ایک کہتا ہے ''میں بیوقوفوں کو راستہ نہیں دیتا'' دوسرا کہتا ہے ''میں تو دیتا ہوں''۔

ایک اور مثال میں دو افراد بحث کرتے رہتے ہیں۔ ایک کہتا ہے ''میں تم کو شریف آدمی سمجھتا تھا'' دوسرا کہتا ہے ''میں بھی تم کو شریف آدمی سمجھتا تھا'' اس پر پہلا شخص کہتا ہے ''تم صحیح سمجھتے تھے غلطی مجھ سے ہوئی''۔

لیکن لطیفوں میں پوشیدہ مزاح کو سمجھنے کے لئے سامعین کا باشعور ہونا بھی ضروری ہوتا ہے۔ ورنہ لطیفہ گو کو شرمندگی اُٹھانا پڑتا ہے۔

زیادہ طویل لطیفوں میں بھی سامعین کی توقعات بڑھ جاتی ہیں لیکن لطیفہ کا اختتام سامعین کی توقع کے مطابق نہ ہو تو لطیفہ اپنا اثر کھو دیتا ہے۔ اگر خدانخواستہ لطیفہ ختم ہونے کے بعد سامعین کے نہ ہنسنے پر لطیفہ سمجھانا پڑے تو سمجھئے کہ لطیفہ گو کو سوائے خودکشی کرنے کے دوسرا راستہ نہ بچے گا۔

لطیفوں کا مضمون

معاشرہ کے اعتبار سے لطیفوں کا مضمون بدلتا رہتا ہے۔ مثلاً انگلستان کے زیادہ تر لطیفے زن وشو یا جنسی تعلقات پر مبنی ہوتے ہیں۔ فرانس کے زیادہ تر لطیفے شراب اور شرابی سے متعلق ہوتے ہیں۔ اور امریکہ کے لطیفے زیادہ تر سرمایہ داروں، اصحاب دولت یا مینیجرز پر مبنی ہوتے ہیں۔

لیکن اُردو زبان کے لطیفے خصوصاً شہر حیدرآباد کے لطیفوں کے مضامین کا دائرہ بہت وسیع ہے اور یہ اعزاز بھی صرف اُردو زبان اور حیدرآباد کو حاصل ہے کہ اوپر بیان کردہ مختلف ملکوں کے لطیفوں کے علاوہ شعبۂ حیات کا کوئی حصہ ایسا نہیں جس پر اُردو زبان میں لطیفہ نہ ہو۔

آخر میں یہ کہتے ہوئے رخصت ہوتا ہوں کہ مزاح کاروں اور لطیفہ گو حضرات کو مخاطب کرنے کے لئے کسی قانون کے طالب علم کو مدعو کرنا ایسا ہی ہے جیسا کسی لطیفہ گو کے ذمّے کسی اہم مقدمہ کی پیروی کا کام دے دیا جائے! ظاہر ہے مقدمہ کا جو حال ہوگا وہی حال میری تقریر کا بھی ہوگا۔ اس لیے سمع خراشی کی معافی۔ خدا حافظ

☆......O......☆

منتخب انشائیوں کا ایک اور مجموعہ

شگفتہ بیانی (حصہ اول)

مرتبہ : ادارہ شگوفہ

بین الاقوامی ایڈیشن منظر عام پر آچکا ہے